本书为国家重点研发计划课题"长江流域文明进程研究"(课题编号：2020YFC1521603)和"中华文明起源进程中的生业、资源与技术研究"(课题编号：2020YFC1521606)，以及国家文物局"考古中国"重大项目"长江中游文明进程研究"的阶段性成果

吾道南来

中华民族共同体中的史前湖南

郭伟民 ◎ 著

科学出版社

内 容 简 介

湖南地处长江中游南部地区,从1951年在长沙进行的发掘开始算起,湖南考古已经走过了70年的风雨历程。考古工作取得了丰硕成果,不仅填补了历史文献的阙如,更发现了一个不为史籍所载的远古湖南。本书从考古出土材料出发,以考古学的视野重建湖南的史前时代,阐述了湖南史前社会发展进程,论证了史前湖南在中华文明起源中的重要地位和作用。

本书可供历史考古、史前考古、文物等相关专业专家学者及高等院校相关师生参考、阅读。

审图号:GS京(2022)0781号

图书在版编目(CIP)数据

吾道南来:中华民族共同体中的史前湖南/郭伟民 著.—北京:科学出版社,2022.6
ISBN 978-7-03-072600-1

Ⅰ.①吾… Ⅱ.①郭… Ⅲ.①新石器时代文化–研究–湖南
Ⅳ.①K871.134

中国版本图书馆CIP数据核字(2022)第102990号

责任编辑:孙 莉 王 蕾/责任校对:邹慧卿
责任印制:肖 兴/书籍设计:北京美光设计制版有限公司

科学出版社 出版
北京东黄城根北街16号
邮政编码:100717
http://www.sciencep.com

中国科学院印刷厂 印刷
科学出版社发行 各地新华书店经销

*

2022年6月第 一 版 开本:720×1000 1/16
2022年6月第一次印刷 印张:11
字数:200 000

定价:118.00元
(如有印装质量问题,我社负责调换)

目 录

引 言 /001

第一章

绿野仙踪　荒原游群
——独领风骚的湖南旧石器时代文化　　/009

第二章

埏埴为器　渔猎采集
——玉蟾岩崛起于南岭山地　　/023

第三章

掘壕造屋　聚族而居
——彭头山文化走向大河平原　　/033

第四章

浪漫神秘　众妙之门
——高庙文化引发史前中国第一次艺术浪潮　　/053

第五章

万城之城　稻作文明
——城头山城址与大溪文化　　/075

第六章

南蛮向化　夷夏相融
——湖南史前文明化进程　　　　　　　　　／101

第七章

鸟兽文彰　凤翥龙翔
——三代文明中的孙家岗谜团　　　　　　／133

第八章

湘江北去　吾道南来
——中华民族共同体中的史前湖南　　　　／151

结　语　　　　　　　　　　　　　　　　　　／161

参考书目　　　　　　　　　　　　　　　　　／166

附　录　史前湖南时间轴　　　　　　　　　　／167

致　谢　　　　　　　　　　　　　　　　　　／168

引言

湖南，地处中国长江中游，主体部分位于洞庭湖以南，因为洞庭湖，才有湖南之称。不过，当今湖南的行政版图是清朝前期才划定的。古代并没有"湖南"的说法，史前更加没有。"湖南"名称最早出现，是唐代宗广德二年（764年）设置的湖南观察使，当时管辖的范围限于衡、潭、邵、永、道5州，地盘远小于现在的湖南省。

湖南观察使的这个"湖"，自然就是指洞庭湖。它在湖南的自然和人文历史中具有特殊意义，环湖地区宽阔的平原、沉积的沃土、稠密的水网、适宜的气候，孕育出悠久的文化。洞庭湖的变迁，经历了由小到大，再由大到小的过程。先秦两汉时期的洞庭湖地区为河网沼泽的平原景观，有一些局部性小湖，而略大一点水面的"洞庭"仅在君山西南一带。六朝—隋唐时期湖泊面积迅速扩展，南朝刘宋盛弘之撰《荆州记》云"周回数百里，日月出没其中"。唐后期至清前期进入湖泊的全盛阶段，遂有"八百里洞庭"之说。清中期以来，湖泊面积明显萎缩（图1）。

与洞庭湖紧密关联的，是湘、资、沅、澧四条河，流过武陵山、雪峰山、罗霄山、南岭的山间谷地，汇入洞庭，湖南因此也有"三湘四水"之称。

所谓三湘四水之说的来源，四水之名多无异议，三湘之说则歧见者甚。晋陶渊明有诗"遥遥三湘，滔滔九江"。南梁沈约撰《宋书·本纪第六·孝武帝》载"巡三湘而奠衡岳，次九河而检云、岱"，但并未说明是哪三湘。宋《太平寰宇记》卷一百一十六《江南西道·全州》载"湘源、湘潭、湘乡，是谓三湘"，此为最早指出三湘具体指称者。此后，关于"三湘"的称谓众说纷纭，此不俱引。概言之，"三湘"应泛指今洞庭湖和湘江流域一带。

中国地势分三个阶梯，以雪峰山为界，湖南西半部处在第二级阶梯，东半部处在第三级阶梯。因此，湖南位于二级阶梯和三级阶梯的结合地带。湖南的地势又是三面环山，东、西、南高而中低，向北敞开，境内山地总面积相当于平原、盆地、丘陵、水面的总和。所以曾国藩说："湖南之为邦，北枕大江，南薄五岭，西接黔蜀，群苗所革，盖亦山国荒僻之亚。"他的那篇《湖南文征》序，把湖南的地形特点和人文情况勾画得相当清楚。

从陆海空间而言，湖南的地理位置，属于华中地区偏南。如果面向欧亚内陆，它在欧亚大陆腹心地带遥远的东南之边；如果面向海洋，则直接面向太平洋，离印度洋也很近。这样特殊的地理位置，决定了湖南这块土地所发生的文化和历史进程，都与这样的地理大格局有着一定的关系（图2）。

湖南在古代名不见经传，永顺溪州铜柱所载"上古以之要服，中古渐尔羁

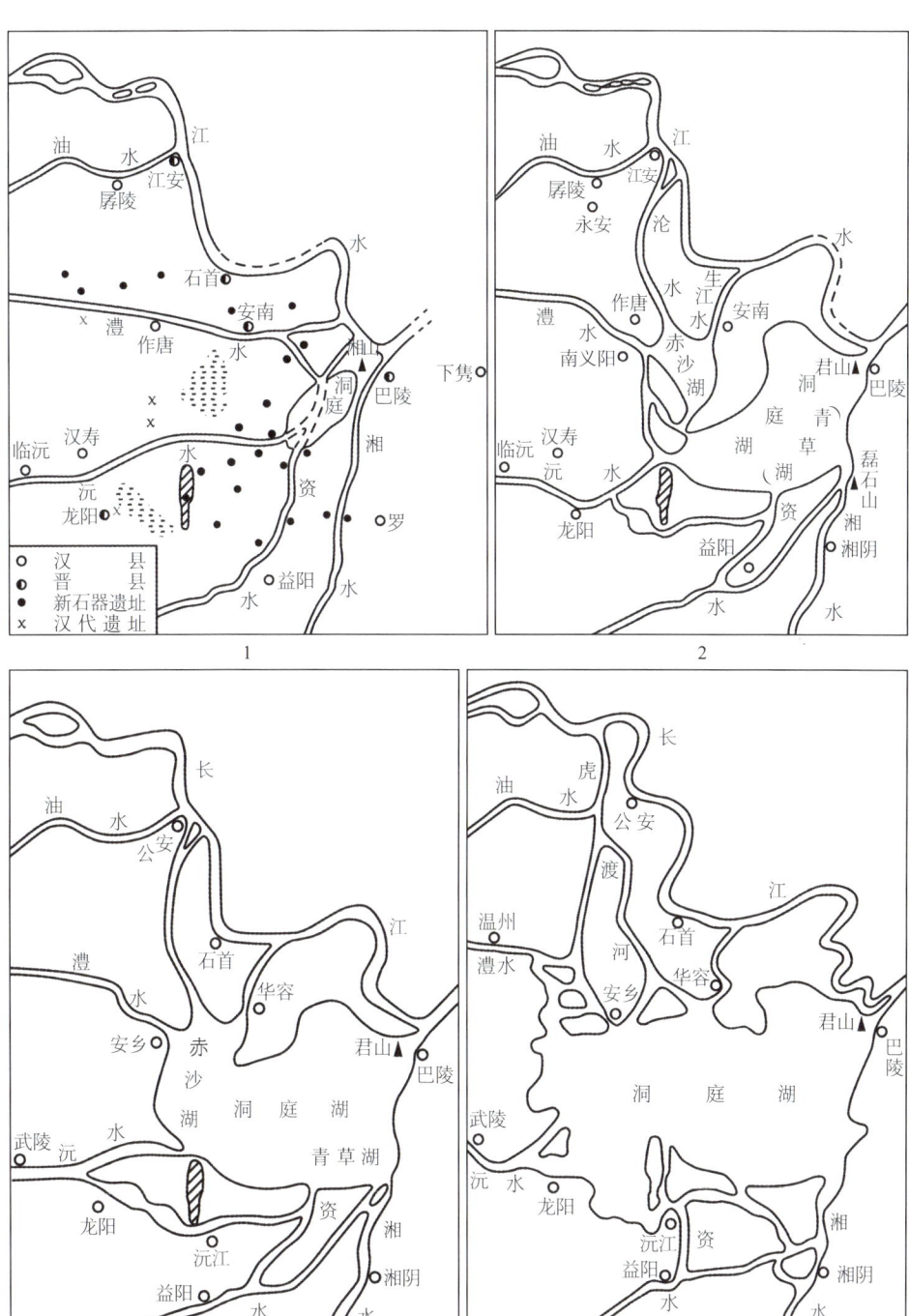

图1 洞庭湖变迁图(据张修桂)
1. 先秦汉晋时期 2. 南朝时期 3. 唐宋时期 4. 明末清初时期

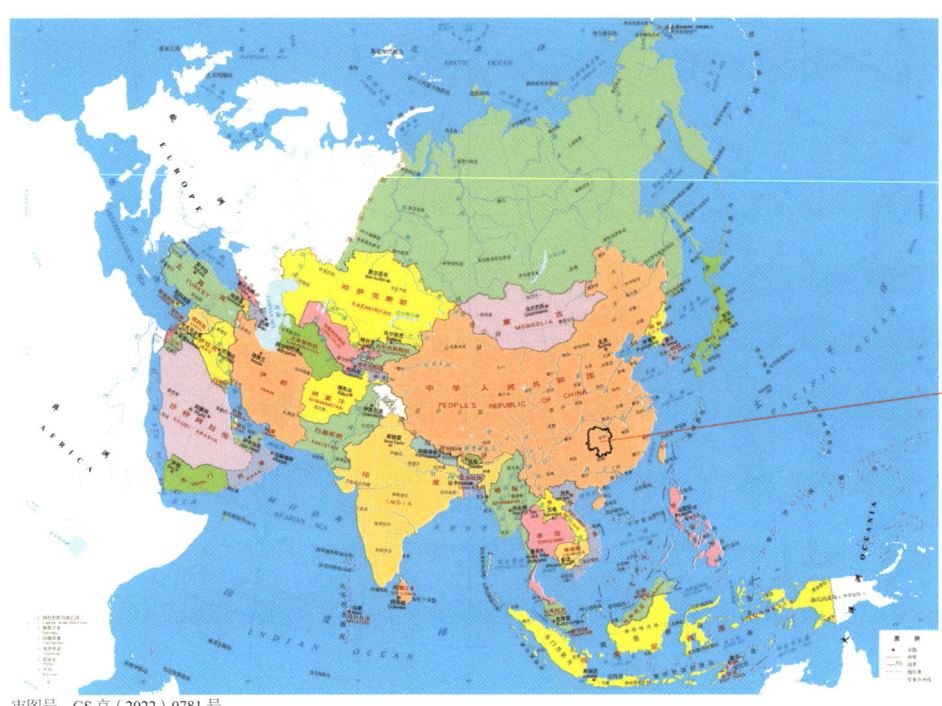

审图号：GS京（2022）0781号

图2　湖南在欧亚大陆的位置示意图

縻"与其说是对湘西历史的概括，倒不如说是古代王朝对于湖南的基本印象。先秦传世文献涉及湖南的，少而零碎。有的文献说到了湖南的一些地名，比如长沙、洞庭、江南、苍梧等。这类文献多是楚人在战国时期的记载，或者是汉初楚地故人的追忆，总之都是对湖南这片边远的南方不甚清晰的印象。

比如，《逸周书·王会解》中有"长沙鳖"，这是上古文献中最早出现的湖南地名，但这个"长沙"是否就是现在的长沙，还无法坐实。《战国策》有"长沙之难"，似与长沙无涉。洞庭、江南，在先秦文献中多有记载，《韩非子》与《战国策》均有"取洞庭、五都、江南"之说，《战国策》还见到"南有洞庭、苍梧""右有洞庭之水"的记载。《山海经》有"洞庭山之首""洞庭之山""入洞庭下""合洞庭中"的说法。《史记·越王勾践世家》载齐威王使人说越王曰"复雠、庞、长沙，楚之粟也"，《索隐》云："雠、庞、长沙是三邑也。"

屈原对于沅湘一带地名及山川风物也有相当精致的描摹，在他的辞章里，大抵可以梳理出战国时期湖南某些流域历史地理的粗略轮廓。屈原在《涉江》中，

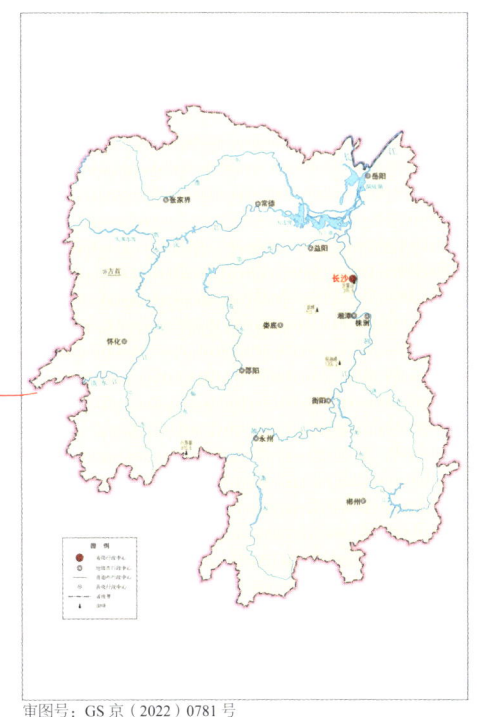

审图号：GS京（2022）0781号

详细记录了他乘车、换船进入湖南，到达沅水中游"溆浦"的过程。兹摘录如下：

"哀南夷之莫吾知兮，旦余济乎江湘。乘鄂渚而反顾兮，欸秋冬之绪风。步余马兮山皋，邸余车兮方林。乘舲船余上沅兮，齐吴榜以击汰。船容与而不进兮，淹回水而凝滞。朝发枉渚兮，夕宿辰阳。苟余心其端直兮，虽僻远其何伤？入溆浦余儃佪兮，迷不知吾所如。"（图3）诚然，在时间的场合里，有些历史地名多有替代与变迁，如枉陼、辰阳、溆浦究竟在何处，目前还无法一一与现代地名对照，但屈原所记载的地点不出洞庭—沅水这片大的区域应是无疑的。

图3　溆水之浦——屈子峡

作为二重证据的出土文献，对湖南这片地区的记载亦是极为罕见，甲骨文无任何线索，商—西周时期的金文或有，但还无法求证。汨罗高泉山一号墓出土一件春秋中期的铜盘，上有"罗子箴"的名称。据研究，这个罗子箴是罗国的国君。出土的战国文献中，《鄂君启节》之舟节记载船从长江进入湖南之后所走的路线，与现在湖南的地名或许可以关联（图4、图5）。此外，湖北荆门楚墓出土的战国中期《包山楚简》里，也出现了长沙、益阳、罗（今汨罗）、需阳（即零阳，今慈利）、曇阳（今耒阳）、鄦昜（鄦阳）等地名。长沙仰天湖楚墓则出土过"鄦昜公"的简文，应是鄦阳县公，鄦阳县即汉之无阳县，故址可能位于今怀化中方境内的荆坪古村附近。

图4　鄂君启节之舟节

汨罗高泉山一号墓出土铜盘上有铭文"隹正月初吉乙亥郤子箴择其吉金铸其盥盘子孙用之"，据考证，郤可释为鄂，即"罗"。该铜盘的年代为春秋中期，其主人或为罗子，名箴，即罗国的国君，可能与楚文王迁罗子国的记载有关。这座墓是湖南发现最早的铜器铭文墓，也是罗（汨罗）县之名的最早溯源[1]。

鄂君启节于1957年4月在安徽省寿县城南邱家花园出土，青铜铸造，节面文字错金，铸造时间为楚怀王六年（公元前323年），是怀王颁发给封地在今湖北鄂城的鄂君启用于水、陆运输货物的免税通行证。共有5件，其中车节3件，舟节2件。舟节记载有"徒（涉）江，入湘，就䁞，就洮昜，入耒，就郴，入资、沅、澧、油，徒（涉）江，就木关，就郢"。关于鄂君启节所涉地名的考证文章甚多，对于相关楚国地名的解读也意见杂陈。1987年，包山2号楚墓出土的竹简中，有"长沙正龚昊受期""长沙公之军""长沙之旦阳倚受期""罗之观里人湘□，讼罗之庞域之□者邑人足女，谓杀益阳公合，伤之妾吾举""需阳人胡黎""曇阳君之人宋

---

[1] 张春龙、胡铁南、向开旺：《湖南出土的两件东周铜器铭文考释》，《中国历史文物》2004年第5期。

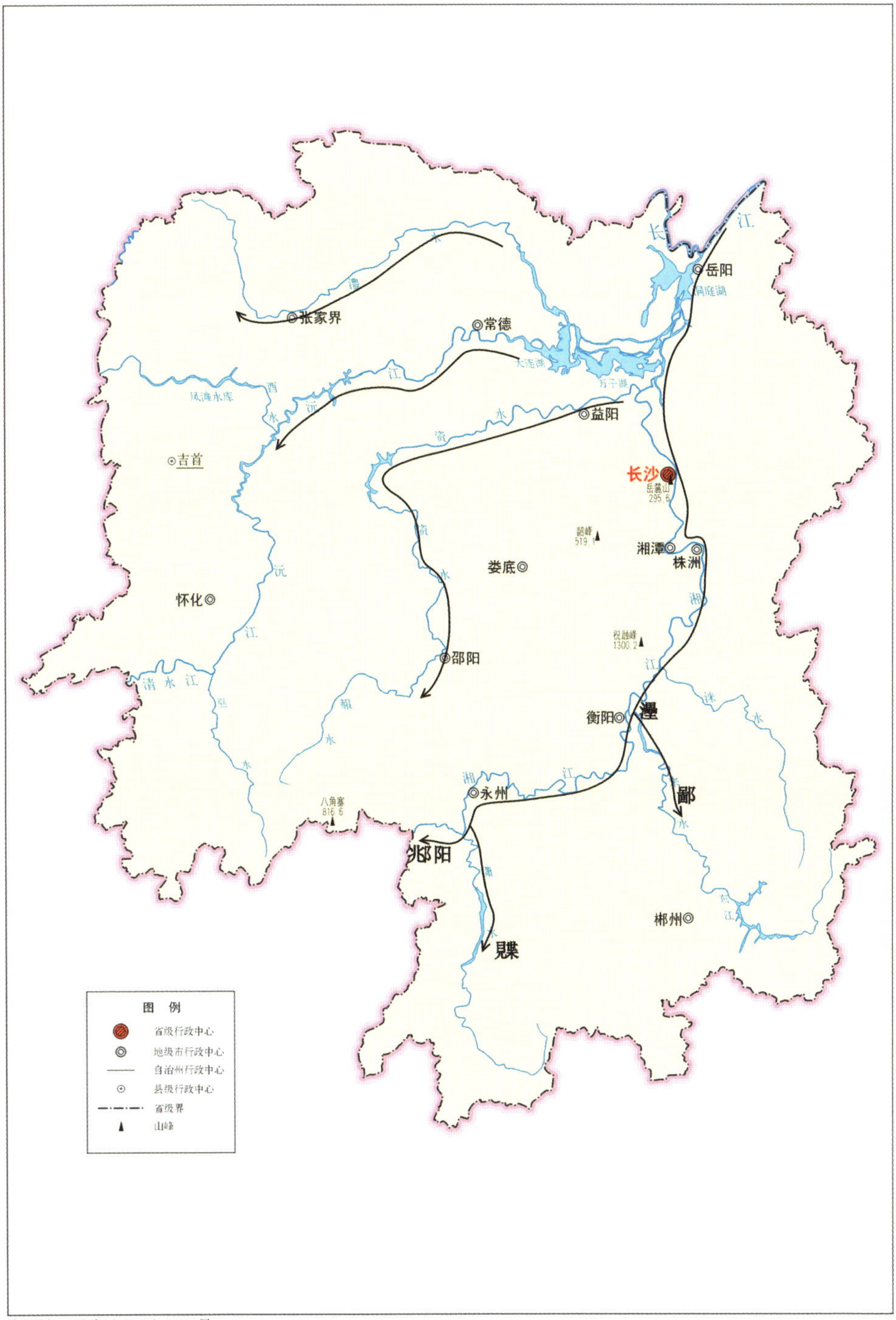

引 言 | 007

审图号：GS 京（2022）0781 号

图5 鄂君启节舟行路线图

午"等简文,经考证,其记载的长沙、益阳、罗、𦝠阳、罴阳均在湖南境内。罴阳应为封君之封邑名,其余应为县名①。

以上就是先秦文献中能够追溯到的最早的湖南,再往前,则无文可查了。对于湖南的认识,也只能从这些模糊的记载中获知。由此给人的印象是:湖南在战国时期才出现于中国,湖南的历史也只能从那个时期开端。即使当今,不少研究者仍认为湖南文化的源头只能从屈原、贾谊开始,之前则是鸿蒙未开、混沌一片。

中国古史体系历来以华夏中原为中心,战国秦汉时代,在楚国和中原的话语塑造与历史文化架构中,湖南是华夏之外的南蛮,化外要服的边陲,比荆楚之蛮更遥远、更荒蛮。

然而,真实的上古湖南,并不是这么一回事。

今天,湖南考古人已经用科学的考古学方法,发现了远比战国秦汉更为古老的湖南历史,从距今数千年回溯至数十万年前,人文史迹,绵延不绝。远古湖南和全国各区域一起参与了中华民族共同体的形成,在早期中国历史和文化进程中占有重要地位。

---

① 徐少华:《包山楚简释地》,《荆楚历史地理与考古研探》,商务印书馆,2010年,第190~267页。

第一章

绿野仙踪　荒原游群

——独领风骚的湖南旧石器时代文化

> 遂古之初，谁传道之？
> 上下未形，何由考之？
> 冥昭瞢暗，谁能极之？
> ——《天问》

让我们翻开湖湘历史最早的一页，去到湖南人的童年，看看遥远的史前，寻找湖南第一个人类文化的遗址。

湖南考古人一直在寻找最远古的原始文化，其方法就是开展田野调查，寻找旧石器时代遗存，研究湖南的旧石器时代历史。

自1987年在怀化新晃大桥溪发现第一件旧石器时代的石器以来，此后，湖南旧石器时代考古便取得了丰硕成果。

湖南第一件旧石器时代石器的发现：

地球有50亿年历史，地球上的人类有300万年历史，史前时代在人类历史长河中占据的时间达99.8%以上。史前时代分为旧石器时代和新石器时代，旧石器时代又占史前时代的99.6%以上。湖南旧石器时代考古工作的开展较晚。1987年4月24日，湖南省文物考古研究所袁家荣在怀化地区博物馆舒向今馆长的陪同下到达新晃侗族自治县文物管理所，了解该县文物普查的情况，其中一处出土白陶的地点引起了袁家荣的注意，决定第二天去出土陶片的地点现场考察。次日，在县文物管理所汤宗悟所长的带领下，到县城东约3千米的遗址所在地大桥溪考察陶片采集点。袁家荣在距工棚东侧约10米的取土断崖处意外发现一块石片，他观察这件石片，发现是一件人工打制的石英石石片，其背面是自然砾面，有模糊的网纹土染痕。袁家荣注意到石片所出的网纹红土深达1.5米，多年的考古工作经验使他判断这肯定不是新石器时代的地层，其年代应该是旧石器时代。稍后，考察队又在断崖的网纹红土中挖出另一件打制石片，这件石片是一件典型的"锐棱砸击法"（一种制作石器的技术）石片，原料系灰黄色变质粉砂岩砾石。大桥溪遗址打制石片的确认是湖南境内第一次发现旧石器时代文化遗物（图6）。

图6 大桥溪遗址出土石器地点及现状

发现了最早的人类遗存，就意味着发现了湖南地区最早的人。有了人，就有了文化。

考古学的"文化"和通常意义上的文化在概念上是不同的，考古学的"文化"最初是从人类学移植过来的。20世纪初，著名澳裔英籍考古学家柴尔德定义了"考古学文化"，其主要是指一群多次出现且反复共存的遗物和遗迹。后来，考古学文化指一群具有时空特征的遗存在多个遗址出现，且与另一群遗址看起来有明显差别——尽管对这种差别的判断因人而异——就可以将其划为一个"文化"。一般情况下，考古学文化主要适应于没有文献记载的阶段，尤其是史前时期，其历史的时空框架主要借助考古学文化来构建。

图7　澧水文化类群石器
1. 虎爪山T1（2）：1　2. 虎爪山P19　3. 鸡公垱采：1　4. 乌鸦山T2：45

通过几十年的工作，湖南旧石器时代文化按区域可以分出两个类群：一个是湘北的澧水类群，主要分布于澧水中下游地区；另一个是湘西的潕水类群，主要分布于沅水中上游及其支流潕水一带。澧水类群的石制品组合有石核、石片、砍斫器、大尖状器、似手斧、薄刃斧、石球、切割器、刮削器等。其文化序列是虎爪山文化—鸡公垱文化—乌鸦山文化—伞顶盖文化—十里岗文化，年代距今50万—1.5万年。最新调查发现，澧水中下游地区的澧阳平原——主要包括澧水北岸的澧县大部及石门、临澧、津市的部分地区，面积约500平方千米——后缘阶地山岗应该还有年代更早的旧石器时代文化遗存。澧水及其支流道水流域的河流阶地，从一级到三、四级阶地均有旧石器埋藏，阶地越高，埋藏的石器年代越早。只要到这一带的野外去调查，找到暴露在断面或是地表的石器并不是一件困难的事情，足见其文化堆积的丰富程度（图7）。

湖南最早的文化遗址——虎爪山遗址：

虎爪山遗址位于常德津市澧水大桥南3千米处，东面紧邻洞庭湖平原，海拔89米，相对高度50—60米，旧石器遗存埋藏在澧水右岸四级阶地的典型网纹红土

图8　虎爪山遗址及出土石器

中。地质时代为更新世中期,文化时代为旧石器时代早期,距今50万年。虎爪山遗存为澧水文化类群的早期代表。与其时代相当的还有其他一些地点。1988年5月进行抢救性发掘,获得29件石制品,历年来还采集了一百多件石制品。石器的组合为砍砸器、大尖状器、薄刃斧、切割器、石球、刮削器等。其中,以大型砍砸器、大尖状器为主,小型刮削器较少。大尖状器形式多样,有砾石三棱尖状器、砾棱尖状器、单面双刃尖状器、扁尖尖状器等。原料以红色石英砂岩为主。器体浑厚硕大。加工方法为锤击法,基本上为单面加工。第二步加工石器少。石片多厚大,半锥体显突[1](图8)。

数十万年的文化积淀归于尘土,坚硬的石器却深埋在厚实的地层里,又因当代人类的活动而重见天日。一个典型的地层剖面可以为证:澧县乌鸦山遗址考古工地,因基本建设取土工程破坏了遗址的一角,对其进行抢救性考古发掘,在网纹

---

[1] 袁家荣:《湖南旧石器考古回顾》,《跋涉续集》,文物出版社,2006年。

图9　乌鸦山遗址及其出土石器

红土中发现大量石器。乌鸦山文化的年代距今8万—7万年，代表了一个时代的特征，其基本特征是：石器原料以硅质岩为主，砂岩次之，还有燧石、石英、石英岩等。石器组合有砍砸器、似手斧、大尖状器、石锤等（图9）。与前面的文化相比，石器体形明显变小，表现了石器工业小型化趋势。

潕水类群大概也能够建立相应的考古学文化序列，年代距今40万—3万年，依次有二卵石—岩屋滩—岩坪文化遗存。潕水类群石器的形态和澧水类群有差异，与澧水类群相比，个体相对要小一些。石制品类型有石片、石核、碎片和石器。石器种类组合单调，主要为砍砸器，其次为刮削器，尖状器很少。富有特色的石器是宽大薄石片、侧身长刃砍砸器、断刃尖状砍砸器、双边刃砍砸器等（图10）。

近些年，在洞庭湖地区西南部——西洞庭和东洞庭、南洞庭交界地带的赤山岛也有很重要的考古发现。2016年，配合南（县）益（阳）高速公路的修建，在赤山岛一带发现10余处旧石器地点。这里的重要发现是确认阿舍利技术在湖南的存在，为当今国际学术界讨论人类起源、进化与迁徙提供了新证据。所谓阿舍利技术，是指以法国亚眠市郊的圣阿舍利发现的一批距今100多万—20万年前的遗址所命名的文化，它的石器以手斧、手镐为主，两面打制、加工精细。阿舍利文化技术不仅分布广泛，欧洲、非洲、近东及印度半岛均有发现，其文化持续的时期也很长。原来一般认为该文化不会越过喜马拉雅山，亦不会传播到东亚和南亚地区，但

图10 澧水文化类群石器
1. 岩坪采：13 2. 二卵石采：8 3. 小河口T1：6 4. 大桥溪T1：11

是，近年中国不少地点发现了阿舍利技术的石器。赤山岛的考古发掘也在网纹土中发现了这种石器。如虎须山遗址所出手镐，其双面打制加工的特点，具有明显的阿舍利技术风格。这个技术可能与外部有关系，换言之，那个时候的湖南与其他地区文化是有交流的。

沅江虎须山遗址：

遗址位于沅江市新湾镇陆家村蒋家坳，2016年6—8月发掘，出土石制品200多件。石器原料以石英砂岩为主，另有石英、硅质灰岩、石英岩，燧石仅为个别。从石制品形态和表面保留的自然石皮等特征来看，古人类主要选择磨圆度较高的大中型河滩砾石作为石器加工的坯材。石制品类型有砾石、石核、石片、断块和工具，不见打击类产品（石锤、石砧）和碎屑。这是一套不太完整的石制品技术组合。石制品尺寸以大、中型居多，小型产品较少且主要为部分石片和断块。工具组合包括砍砸器、手镐、手斧和刮削器，以砍砸器数量较多。石器修理仅见直接锤击法，加工程度较低。但手斧经过两面修理，显得较为精细和规范（图11）。

学术界认为，中国旧石器时代文化有两大传统：其一是分布于秦岭—淮河以北、青藏高原及其东南缘的黄土高原、内蒙古高原、华北大平原和云贵高原、四

图11 虎须山遗址出土手斧

川盆地等地区，是以石片石器为主导的旧石器工业技术传统（所谓工业，只是相对于石器制作而言）；其二是分布于秦岭—淮河以南的长江中下游平原、云贵高原以东的珠江流域等地区，是以砾石石器为主的工业技术传统。湖南旧石器的风格，整体上表现为砾石石器工业传统，与华北以石片石器为主导的石器工业相去较远，而与华南、东南亚的砾石石器传统接近。湖南地区砾石石器工业主要分布在河流阶地埋藏的露天堆积中。原料均来自河床砾石，主要有石英岩、石英砂岩、砂岩、硅质岩，还有脉石英、燧石、硅质灰岩等。大型石器居主流，往往直接用河床砾石加工而成。

湖南旧石器时代文化的主人，生活在一个比现在更为湿热的森林环境中，其地质时代为更新世。地质学研究表明，湖南更新世的沉积地层以反映湿热环境的红色为基本色调，网纹红土是一种特殊的表现形式，是脱硅富铁铝化学风化作用，常发生于华南更新世热带、亚热带高温多雨的湿热气候环境中。

湖南地区旧石器时代早期和中期均流行大型砾石石器工业，石器的组合基本一样。在更新世中期及其以前，全球范围曾发生多次冰期和间冰期的大幅度气候变化，最后冰期对于湖南旧石器时代文化的影响非常明显。据研究，由于最后冰期的影响，华南地区气候趋于干凉，出现温带草原，草原—森林环境明显扩大，这样的环境促使大部分地区的旧石器相应地出现小型化趋势，与温带气候关联的石片石器工业的技术传统则逐渐南扩。于是，在旧石器时代晚期前段，湖南地区也出现了砾石石器和石片石器相结合的旧石器时代文化。如湖南澧县乌鸦山文化表现为砾石石器与小型石片石器相结合的文化特征，大型的砍砸器、尖状器等工具少见或消失，小型刮削器、尖状器占据主流。大约在距今2万—1.4万年前，最后冰期进入最冷峰时期，湖南旧石器时代文化随之进入到旧石器时代晚期的后一阶段。如澧县十里岗、石门燕耳洞等遗址中均出现了细小石器工业。细小石器的石料通常为黑色燧石，细小燧石器的发展，为旧石器时代文化向新石器文化的转变提供了条件。

袁家荣从多个方面论证了湖南旧石器时代文化的特征，他认为湖南旧石器既分布于第二级阶梯的前缘，又分布于第三级阶梯的后缘，西靠云贵高原，东瞰华东低丘平原，北傍长江干流，南枕南岭山地，并连珠江水系，湖南旧石器处于华南砾石传统分布的腹心地带，其文化特征反映出与周邻地区旧石器时代文化有着错综复杂的关系。大三棱尖状器、石球、原手斧等表明其与华北旧石器时代文化传统之间存在交流，相关石器形态对比显示其与江汉平原、汉水盆地、江西、安徽等地的交流更为密切。澧水类群石器制作中的锐棱砸击法与贵州西南部旧石器工业技术存在共性，或与四川盆地及峡江一带的石器技术也存在一定的联系。他认为，湖南旧石器网纹红土的埋藏地层在我国旧石器时代文化研究中具有典型意义，两大文化类群的划分为华南旧石器区系研究提供了重要的课题线索，其持续稳定的文化序列为后来湖南新石器文化谱系及后来的历史文化传统奠定了清晰的格局[①]。

愈是人类的早期，人与环境的关系愈加紧密。袁家荣指出，从现有发现看，在旧石器时代早中期，湖南的旧石器时代文化主要流行砾石石器工业传统。湖南境内广泛分布粗大的砾石石器，与热带、亚热带森林环境密切相关，这是远古人类适应环境的结果。在林木丛生、植被繁茂的地区，远古先民为了求得生存发展，必须借助坚硬而粗砺的石器。关于当时人们的生活情况，从石器的形态和功能研究方面或许能够做些推断，比如：使用砍斫器砍劈制作竹木工具，肢解动物；使用大尖状器挖掘植物块根；使用石锤砸击坚果；使用石球猎捕动物。这些工具的特点表明，湖南旧石器时代人们的生活方式是以采集、狩猎为主的，早、中期可能更多地依赖植物性食物，以采集经济为主；晚期小型刮削器的增加，意味着狩猎经济分量的加重。刮削器锋利的边刃对于剥揭兽皮、剔削骨肉是很实用的工具。当然，关于这些石器用途和功能的推测，主要是根据目前学术界已有的研究成果所做的分析，并不一定准确。准确复原和重建数十万年前的人类行为和生活有很多困难，但是，当时人们使用的生产工具和生活工具及其形态、加工方法、使用痕迹、埋藏状态和废弃方式，以及当时的生态环境等，是理解当时人类行为和生活方式的第一证据。另外

---

① 袁家荣：《湖南旧石器时代文化与玉蟾岩遗址》，岳麓书社，2013年。

图12 石器打制、动物剥皮及烧烤实验

的证据则是通过民族学或人类学、实验考古等方法获得的。比如,美国考古学家宾福德通过观察因纽特人的生活方式和行为,从而对旧石器时代的人类行为和社会作出判断和解释。实验考古中的石器打制、狩猎及觅食、场景模拟等也可为考古材料的分析和人类行为的研究提供帮助。当然,这样的民族学和实验考古证据是否可以直接用来重建旧石器时代的文化与社会,却是无法证实的(图12)。

在地质史的数十亿年中,地球出现了七次大冰期,即新太古代大冰期(前26亿—前25亿年)、前寒武纪早期大冰期(前9.5亿年前后)、前寒武纪中期大冰期(前7.7亿年前后)、前寒武纪晚期大冰期(前7亿—前6.5亿年)、奥陶—志留纪大冰期(前4.7亿—前4.1亿年)、石炭—二叠纪大冰期(前3.5亿—前2.7亿年)、第四纪大冰期(前0.02亿年以来)。第四纪大冰期是地球史上最近的一次大冰期,据李四光研究,我国相应地出现了鄱阳、大姑、庐山与大理4个亚冰期。一般认为,冰期的气候要比如今低3℃—7℃,降水量也比如今大。在地球史上最后一个大冰期的第四纪冰期中,冰川最强盛时,全球32%的陆地面积被冰川覆盖,大量水分以固态形式停滞于大陆上，海平面要比如今低150米。间冰期是介于两次冰期之间的气候较为温暖的地质时期。大理期称为末次冰期，末次冰期后的时期称为冰后期，这时冰川逐渐向高纬度或高地后退。我国的山岳冰川，有研究者认为是公元前1.5万年左右开始退缩的。更新世作为构成地球历史的第四纪冰川两个世中较长的第一个世，是冰川作用活跃的时期。因此，第四纪中全新世与更新世的界限，是以第四纪冰期最后一次亚冰期结束、气候转暖为标志的。海面变化与气候相一致，冰后期海平面迅速上升，到公元前9100年上升到-60米的位置，公元前4000年的海平面已接近现今的位置，其后仅有轻微的变化。

2011—2013年，湖南旧石器有一个非常重要的发现，那就是在湘西南边陲的道县福岩洞遗址发现了47枚人类牙齿。中国科学院古脊椎动物与古人类研究所联合湖南省文物考古研究所、道县文物局对该遗址进行了三次发掘，其成果于2015年10月在英国《自然》杂志发表，正式宣布在湖南省道县乐福堂乡福岩洞古人类遗址发现47枚具有完全现代人特征的人类牙齿化石，其年代距今12万—8万年。这是中国境内发现最早的现代人证据，也是迄今为止东亚地区发现最早的现代人遗存。其最突出的价值在于，这47枚牙齿具有非常明显的现代人特点，改变了东亚现代人出现的传统观点。此证据表明，现代人在东亚的起源可能比原来的说法要早。原来一般公认，距今6万年前现代人从非洲迁徙到东亚，但是在福岩洞发现的现代人遗存的年代肯定已经比原来那个说法早了很多（图13）。

关于人类起源和发展，不得不提及非洲起源和非洲夏娃理论，该理论依据人类

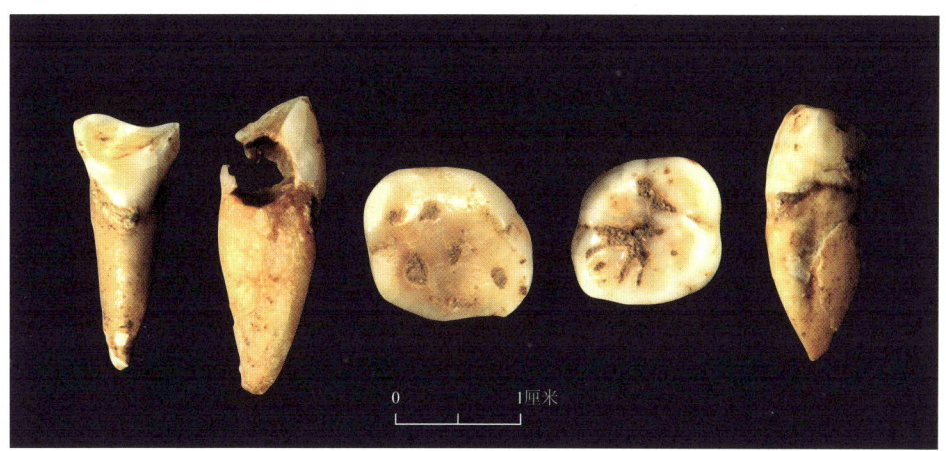

图13　福岩洞遗址出土人类牙齿化石

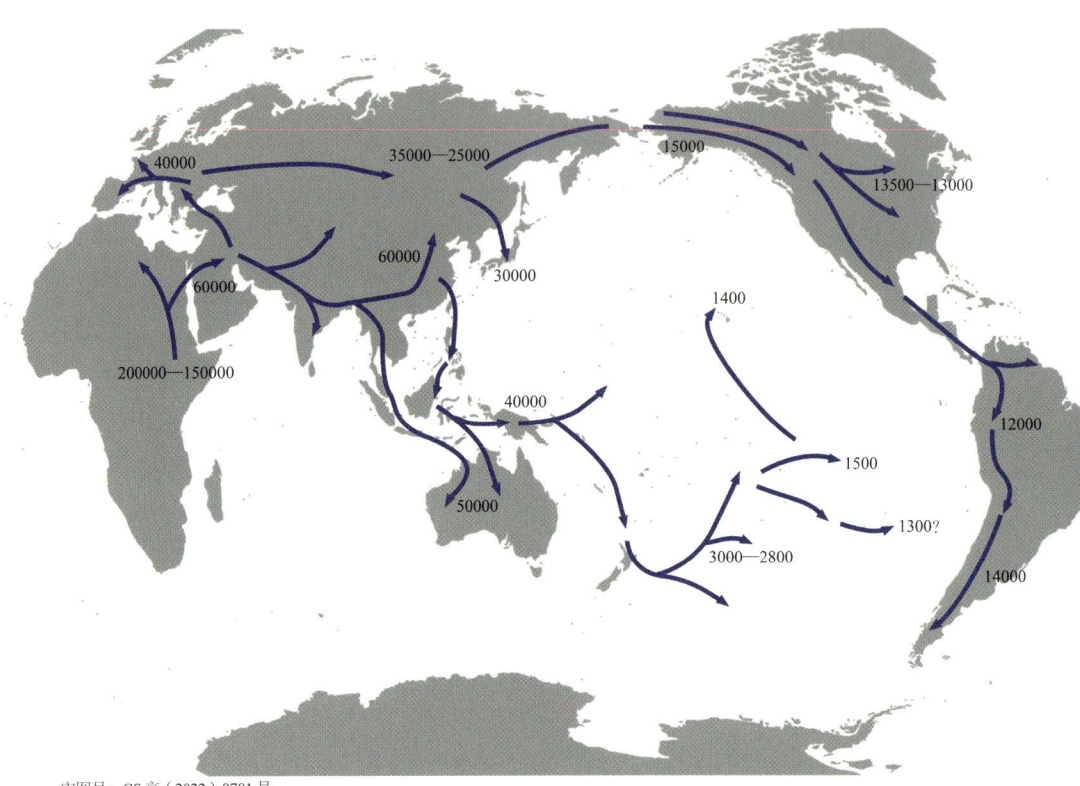

审图号：GS京（2022）0781号

图14　现代人迁徙与传播路线图

分子生物学的研究成果和全球范围内的考古发现得出结论，认为最早的人在非洲起源。"最早的人"当然不是我们今天的现代人，而是直立人。距今300万—200万年以前，直立人在非洲率先出现，然后在旧大陆迁徙与传播。此后，在距今20万年前后，非洲又出现了最早的现代人——非洲夏娃。距今10万年前后，她的后代逐渐走出非洲，向全球迁徙，并逐渐取代当地原来的人类。全球范围内的现代人，都是在距今10万年以后，不断从非洲迁徙到近东、欧洲、亚洲和大洋洲，再到美洲的。到达中国的时间是距今6万年前后。于是，一张现代人迁徙与传播的时间路线图出来了（图14）。亚洲最早的古人类（直立人）是否来自非洲？或许就是一个问题。中国和印尼发现的人类化石表明，人类在距今180万年左右开始出现在亚洲东部，也有证据指向距今200万年前，但存在着不确定性和争议。目前，主流观点认为中国、印尼的最早人类来自非洲，但这些"人"并非现代人。现代人到底是不是遵从"夏娃理论",距今10万年就从非洲向外迁徙,距今6万年前迁徙到中国这个地方来的?未必!以现在的发现,自旧石器时代以来,东亚旧石器的文化传统是连续的,并没有出现文化突变现象。所以,中国学者提出了"连续进化和附带杂交",即镶嵌进化理论。也就是说,中国旧石器时代的人与文化不是突变的,它是本土与外来文化不断杂交、持续演化而成的。所谓"镶嵌进化",亦即在进化过程里面,本土与外来的人群有过不断的基因交流。现代东亚人具有典型的蒙古人种特点,和欧罗巴人种有明显的生理上的差别,人骨及外形差别都很大,这是现代人出现之后才产生的明显差异。所以,依据这些新的发现,关于现代人出自非洲的这种假说,应该得到修正。

那么,现代人到底是怎么起源的?科学发现证明,现代人和直立人之间,各方面都有明显差异,而前述最新的研究成果认为,人类并不是遵循着由直立人向现代人演变的单线进化模式,而是应该存在连续进化与附带杂交,那么就可能存在其他人种。这样的人现在已经找到,在欧洲有尼人,即尼安德特人,这个人种,后来据说和晚期智人——即现代人发生关系,基因融入了现代人;在亚洲有丹尼索瓦人——丹人,据说也和现代人发生了基因交流。预计未来还会发现若干中间类的人种与现代人存在基因交流,这就暗示人种杂交的存在。不过形势似乎又发生着新一轮的反转,最近的研究结果认为,现代中东和欧洲人中只有1%—4%的尼人DNA,现代美拉尼西亚和澳大利亚原住民中最高也只有6%的丹人DNA。这种基因比例无法证明现代人是人种完全杂交的结果。我们现代人到底是怎么发展过来的?现在看来还是迷雾重重(图15)。

按照进化论的观点,人是从猿发展而来的,但是,如果说人是由猿发展而来的,为什么现在的猿不能变成人?这是一个问题。另外一个问题是,在人类演化过

1　　　　　　　　　　　　　　　2

图15　科普著作中的尼安德特人与丹尼索瓦人形象

1.尼安德特人　2.丹尼索瓦人

图16　人类进化示意图

程中,基因到底发生了什么样的变化?是量变还是突变?到现在为止,实际上是说不清楚的。所以,我们从哪里来?我们是谁?这是人类永恒的主题,常驻于我们的灵魂。人,肯定还在不停地演变与进化(图16)。变,才是永远不变的,当然,最后会变成什么样子?未可知也。显而易见,要解决这些问题,湖南旧石器时代考古能起到很重要的作用,从文化形态到空间位置来说,湖南在整个东亚地区的重要地位也是很明显的。

第二章

埏埴为器 渔猎采集

—— 玉蟾岩崛起于南岭山地

> □山，是唯天下之良山也……
> 嘉谷生之，草木硕美。
> 天子于是取嘉禾以归，树于中国。
> ——《穆天子传》

湖南作为南方史前文化的重要策源地，不仅表现在旧石器时代文化的区域类型序列清晰、谱系完整，还表现在从旧石器向新石器转变过程中，较早发生了"新石器革命"。

这场"革命"的发生地在南岭。

史前时期，是一个特定的概念，中国的史前时期一般指原始社会时期，也就是从人类出现到最早的王朝夏朝建立之前，为距今300万—4000年前，年代长度占地球上人类出现以来的99.87%。按照时代及文化特征、经济社会形态，又分为旧石器时代与新石器时代。旧石器时代大约距今300万—1.5万年，新石器时代距今1万—4000年。中间一段距今1.5万—1万年的时间如何划分，学术界还存在不同意见，有人认为是中石器时代，有人认为是过渡时期，这涉及旧石器时代的下限或新石器时代的上限问题。有一种观点是将距今1.5万—1万年的时间划为新石器时代早期，但也有另一种观点认为这个时期应划入旧石器时代。这只是全球范围的笼统划分，就中国各地的具体情况而言，新、旧石器时代文化与时间的界限并不具有普适性，不能用一把尺子去衡量各地的情况。所谓新石器革命，一般而言，是指具有新石器时代特征的磨制石器区别于旧石器时代的打制石器，栽培农业区别于食物采集，定居村落区别于游移营地，或者新出现了陶器，等等，这些要素在不同地域环境和经济环境中各有侧重，因此也并非衡量新石器时代出现的绝对标志。新石器"革命"也不是一夜之间的"改朝换代"，而是一个缓慢而长期的过程，这个过程甚至长达数千年。人们不可能一觉醒来就宣布"从今天起，我们进入新石器时代了"。相对于全球而言，新石器革命更是一个漫长的过程，不可能在同一时间完成，比如，今天我们都步入信息化时代了，而亚马孙丛林部落还停留在原始社会。

南岭对于南方而言，具有特殊的自然和文化意义。南岭山脉东西横亘于今湖南、江西与两广交界处，西与云贵高原相连，向东延伸至闽浙。多为山间走廊与山岭纵横的地理环境。广西东北部与湖南交界的地方，包括越城岭、海洋山、都庞岭和萌渚岭，坡谷相连，平行排列，地势北高南低。骑田岭在湘粤之间，大庾岭在赣粤之间。南岭既是长江水系众多河流的源头，又是珠江水系众多河流的源头。向东逶迤至浙、闽、赣之间的武夷山脉和仙霞岭山脉，构成钱塘江、瓯江、闽江几大水系诸多河流的源头，形成以南岭和武夷山脉相连一体的南方山水环境。众多河流从山间发源，或汇入大江，或流入大海。在这些河流的下游，大多发育了较为宽阔的冲积或沉积平原、入海河流三角洲及沿海低山丘陵。这种山水环境形成了以南岭—武夷山地为中轴，以河流为轮辐向两侧和四周呈放射状分布的地理格局，并由这种地理格局而形成以南岭为中心的华南史前文化群，可用一个适当的称呼来予以命名，称为"南岭中心带"。

南岭中心带群山之中，分布着低谷走廊或山间盆地，既形成相对独立的文化地理区域和颇具特色的文化传统，又成为南北交往的天然孔道。湘桂间最重要的通道是越城岭道，湘江发源于广西境内，与漓江的分水岭不算高峻，因此，在广西东北部形成与湖南联系的通道。赣粤间最重要的通道是大庾岭道，乃是江西、广东之间最重要的一条通道，在赣江、北江之间，在赣江上游章水与北江上游浈水之间被大庾岭分隔，分水岭长仅40余里。在南岭山中分布着多数较小的山道，比较重要的还有萌渚岭道、骑田岭道、零陵、桂阳峤道。这种地理特点很适合南北文化的交流。内陆的季风，由这一路山水的传递，可以吹拂到岭南，南方的熏风又可以由此进入内陆。从东边的区域地理特征看，钱塘江以南跨越仙霞山脉即至五岭。赣、闽、粤相连地区虽为崇山峻岭，但发源于南岭及武夷山脉的许多河流则是连接三地的主要交通线路，众多曲曲折折的山隘成为三省之间的交通孔道。贡江水系上游各口岸到达汀江水系、东江水系与梅江水系的距离仅40—60千米，从而将贡江、汀江、东江、梅江等水系连为一体，有效沟通赣东南、闽西和粤东北的联系。总体而言，从云贵高原东侧的长江以南直到东南沿海，有三大地理单元：长江中下游平原、东南沿海三角洲与低山，以及它们之间的山间小盆地与丘陵。这三大地理单元拥有长江、珠江两大水系和众多沿海小水系，构成"南方"这个概念，其心脏地带则是南岭。近三十年来，新的发现显示着南岭作为南方新石器革命策源地的地位已坚如磐石。随着考古工作的进展，一批洞穴和露天遗址相继被发现和发掘，或者一批原来做过工作的遗址重新得到发掘，大量的考古证据保留了距今1.5万年前后那场"革命"的痕迹（图17）。

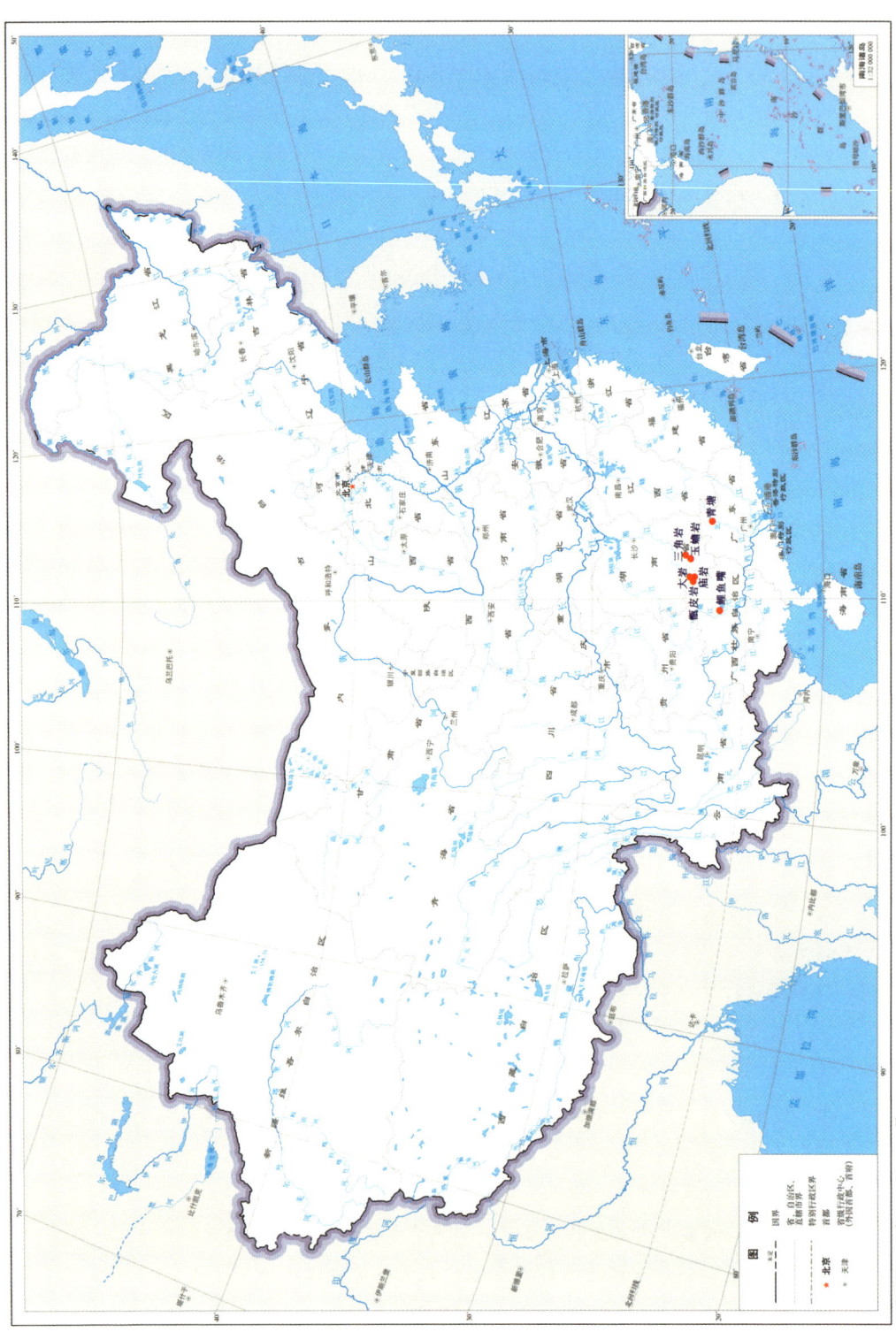

地处南岭的道县玉蟾岩遗址，便是新石器革命发生之际的典型代表。

玉蟾岩是一处洞穴遗址，位于湖南道县，靠近南岭山脉的都庞岭。该遗址最早发现于1984年，于1993年、1995年、2004—2005年分别进行了四次考古发掘。该遗址的发掘是湖南首次真正意义上的国际考古合作，参与单位有湖南省文物考古研究所、北京大学、中国农业大学和美国哈佛大学、波士顿大学，以色列威兹曼大学等。后三次发掘分别由中美双方考古学家担任考古队长，美方队长是以色列人欧弗·巴尔—约瑟夫先生，哈佛大学教授，是全球范围内做旧石器时代考古的学术权威学者，他长期在近东黎凡特地区从事野外考古发掘与研究，在旧石器时代晚期社会经济研究、小麦和农业起源研究等方面做出了突出贡献，解决了小麦起源的重大问题。中方队长是北京大学严文明先生，湖南华容人，是中国新石器时代考古研究领域的泰斗级学者。田野执行领队是湖南省文物考古研究所袁家荣先生，著名旧石器时代考古专家。当年参加此项目的小伙伴，如今都已经成为一方考古大咖。

中美考古界将研究重点瞄准了南岭山地的湖南，这是出于解决国际学术重大问题的需要。玉蟾岩这个洞穴遗址，其时空范围特别重要：遗存的年代正好处在旧石器向新石器过渡的关键时期，地理位置又处在南亚热带北缘和中亚热带南缘。消冰期在南岭地带出现较早，或在距今1.8万—1.6万年前就已经出现，温暖湿润的气候催生了一年生禾本科植物，南岭地带遂有丰富的野生稻资源。从考古背景来看，南岭一带已经发现了不少大致与此时期相应的考古遗存，预示这个区域在研究新石器革命关键课题中具有重要地位（图18）。因此，在发掘之初，联合考古队瞄准当今学术最高前沿制定了相应的计划和课题方案。由于玉蟾岩是一个洞穴遗址，因此，在发掘前要对洞穴岩壁杂草进行清除，对可能开裂的岩壁和洞

图18
中美考古学家考察玉蟾岩遗址考古工地

顶也进行了防护处理。为了防止外部杂物的混入,考古队员每天进入发掘区都要换上专门的发掘工装和鞋套。发掘的所有土壤都要过筛并进行水洗,发掘出土的所有信息都要进行全方位采集,包括环境信息和地质水文信息,这对重建遗址的埋藏环境具有重要作用(图19)。

玉蟾岩遗址考古发掘取得了重要收获,出土了大量的生产工具、生活用具和动植物遗存。出土的生产工具主要是石制品和骨、角、牙、蚌制品。石制品以砾石为原料,制作粗糙,器体小型化,有一定数量的中型石器。加工技术简单,全部为打制,基本采用锤击法,第二步加工的石器很少。主要组合为刮削器、砍砸器、锄形器、石锤,还有少量的尖状器、亚腰斧形器、苏门答腊式石器等。这些石器的风格主体继承了华南旧石器时代砾石石器工业技术传统。骨器种类有铲、锥、针和饰品,还有用动物犬齿制作的装饰品。角器仅见铲,另有少量的穿孔蚌器。这类

图19　玉蟾岩遗址考古发掘现场

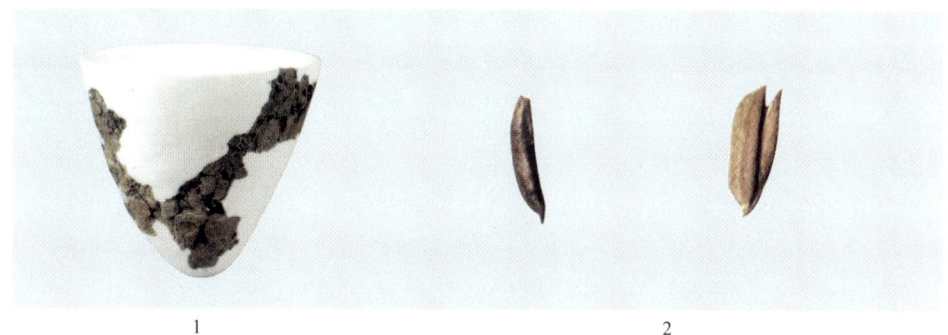

图20　玉蟾岩遗址出土陶器、水稻
1. 陶器　2. 水稻

骨、角、蚌器均可见磨制痕迹。

玉蟾岩遗址的一个最重要的发现是在少数层位中发现了陶片,其中在接近底层位置出土的陶片可复原为一件陶釜——迄今为止中国最早的可复原陶器。陶釜口径31、通高29厘米,侈口,圆唇,斜弧壁,尖圜底。近口沿胎壁相对较薄,自腹部以下逐渐增厚,底部胎壁达到最厚。外壁饰绳纹,纹样右斜走向,外壁局部可见表层脱落,露出的内层面上也有绳纹痕迹,说明陶器由泥片贴筑而成。陶器火候不匀造成黑褐色、红色陶胎,近口沿部分夹炭,羼和料为石英砂,砂粒大小悬殊(图20,1)。

玉蟾岩遗址的另一个重要发现是水稻,一共发现11枚。通过对水稻的形态学研究发现,玉蟾岩遗址出土稻谷稃毛长度和稃肩角度平均值介于普通野生稻与籼稻之间,处于从普通野稻向籼稻演化的过渡形态;双峰乳突则与粳稻相似。总之,玉蟾岩水稻是一种兼有野、籼、粳综合特征的古栽培稻(图20,2)。

嘉禾生南国,玉蟾岩完整水稻的发现,大大突破了以往只发现水稻植硅石的田野考古工作——宣告了一个以稻作农业为基础的南方地区新石器时代的到来,农业是文明发生的基础,在人类社会的演化进程中无疑具有革命性意义。

除了上述遗物,玉蟾岩遗址还发现了大量动植物遗骸。大体可以分为哺乳动物及鸟禽类、鱼类、龟鳖类、螺蚌和昆虫等。浮选出的植物遗骸多为植物果核,达40余种,有中华猕猴桃、猕猴桃、野葡萄、梅、朴树籽等。

玉蟾岩遗址出土陶片测年数据的校正年代为距今1.7万—1.6万年。后经以色列实验室对陶片周围的炭样进行测年,上限为距今1.83万年,下限为距今1.5万年,多数数据集中在距今1.8万年前后。

玉蟾岩一类遗存在南岭南北多处地点发现,玉蟾岩遗址的周围发现白公岩、三角岩、后龙洞等遗址,其样品测年均在距今1万年以上。玉蟾岩遗址出土的陶器、水稻等证据表明，华南地区在距今1.5万年前后确实发生了重要变革，一系列新因素的出现暗示这个时期环境、文化与社会均有显著变化，这些变化蕴含着重大的研究课题：狩猎采集向稻作农业转变，陶器起源，新旧石器过渡，稻作农业的产生等，都是当今国际学术界研究的前沿课题。

玉蟾岩遗址自发现以来，引起了学术界的高度重视，针对玉蟾岩遗址开展的中美联合发掘与研究也取得了相关成果。玉蟾岩遗址陶器和水稻的初步研究于1998年、2000年相继发表。袁家荣、顾海滨还发表了玉蟾岩遗址的动物群研究成果。关于年代的研究，北京大学吴小红教授也有相关成果发表。在论著方面，袁家荣的《湖南旧石器时代文化与玉蟾岩遗址》是迄今关于玉蟾岩遗址研究最为全面的专著。

根据这些信息和材料，大致可以去理解和重建居住在玉蟾岩洞穴的人类生活场景。那时的人群或许并不多，最多是数十人在一起抱团取暖，联结他们之间的则是血缘纽带，因此，洞穴应是一个血缘家族所居。但是，玉蟾岩洞穴的堆积遗存可以分为若干个时期，延续了数千年。数千年内，显然不可能是一个固定的家族长居于此，而可能是反复由不同的具有血缘关系的人群所占据。洞穴间或也曾一度废弃，然后再次启用。这样的现象，在发掘过程中都可找到证据。

那时的人们居住在这样一个环境：坐北朝南的洞穴之前，是宽阔的河边洼地和湖沼，湖沼内生长着大量的水生动植物，也生长着稻禾，附近的山间有动物出没。居住在玉蟾岩的人们采集湖沼的植物进行加工脱粒，男人们下水捕捞，上山打猎；女人们则从事着织网、采集和制作陶器的活儿。丰富的生活资源使得这里人们的生活相当悠闲，颇有安居乐业之感。

玉蟾岩的考古发掘引发了新的学术热点，近些年，在南岭中心带开展的考古工作屡有重要发现。年代在距今1万年以上的遗址在桂北地区被广泛发现，桂林及其附近地区含有人类活动遗存的洞穴遗址共发现38处，其中宝积岩、庙岩、甑皮岩、大岩东洞、轿子岩、朝桂岩的年代都有距今1万年以上的遗存。甑皮岩遗址的考古工作建立了较为完整的年代分期：甑皮岩第一期文化遗存年代在距今1.2万—1.1万年，第二期年代在距今1.1万—1万年，第三期年代在距今1万—9000年，第四期年代在距今9000—8000年，第五期年代在距今8000—7000年（图21）。有论者根据甑皮岩遗址的陶器分期和 ^{14}C 年代数据指出，玉蟾岩遗址出土的陶器应晚于甑皮岩遗址第一期发现的陶器，而早于甑皮岩遗址第二期。因为与甑皮岩第一期陶器比较，玉蟾岩遗址出土陶釜的制作水平已经有明显提高，如已经能将器壁加高到29厘米；但其原始性也还有部分保留，如胎壁仍较厚，口仍未斜敞，还不具备把颈部内束的能力，而甑皮岩遗址第二期已经能制作颈部内束的陶釜了。不过，腹壁的高低与

图21　甑皮岩遗址
1. 远景　2. 洞口近景

图22　青塘遗址

年代的关联尚未得到其他遗址证据的验证,而且玉蟾岩陶器的测年远远早于甑皮岩第一期。华南地区出土早期陶器的遗址还有广东英德青塘遗址、江西万年仙人洞遗址。青塘遗址黄门岩2号洞内多个地层出土陶片,其中最早的陶片测年为距今1.7万年。一件陶釜形器口沿为夹砂粗黑陶;圆唇,敞口,斜直腹;胎质酥软,火候低,夹石英粗砂粒;内外壁皆饰不规则粗绳纹。该釜出土层位不详,是否与年代最早的陶片同时亦不得而知,但从其特点来看,大致应该不晚于甑皮岩第二期(图22)。仙人洞遗址年代最早的陶器是条纹陶,胎土为掺大石英粒的夹砂陶,制法为以斜接泥条圈筑法成坯,用平头齿形器在内外壁刮抹修整,留下了平行条纹;器口压成锯齿状并在口部装饰一周由内向外顶出的泥突,器形是直口的"U"形釜。仙人洞遗址的陶器早晚形态变化是:条纹陶—双面绳纹陶釜—编织纹或素面陶钵—单面绳纹有颈陶釜。其中,最早的条纹陶年代距今2万—1.9万年,最晚的有颈绳纹陶釜应该不晚于距今9000年。从上述各遗址出土陶器的特征及相关情况,以及玉蟾岩陶器关联性标本的测年来看,玉蟾岩陶器年代坐标应可以确认在距今1.8万年左右。

第三章

掘壕造屋　聚族而居

——彭头山文化走向大河平原

> 掌固掌修城郭、沟池、树渠之固……
>
> 凡国都之竟有沟树之固……
>
> 若有山川,则因之。
>
> ——《周礼·夏官》

一、从旷野游群到筑屋而居——环洞庭湖区过渡时期的文化遗存

在湘南有重大发现的同时,湘北环洞庭湖区也发现了旧石器向新石器过渡时期的文化遗存。这是一个欣欣向荣的时期,在这个时期,澧阳平原的旷野遗址与湘南地区的洞穴遗址相映成趣,各有差异。澧阳平原过渡时期遗存年代框架为距今1.5万—1.2万年,在文化形态上处于十里岗文化与彭头山文化之间。这个时期的遗存目前已经发现有八十垱遗址下层、双林遗址、竹马遗址、新民遗址、新坪遗址等。

从湘南洞穴遗址的情况来看,这时已经有了定居形态,人们的生产和生活仍然以采集、狩猎为主,至于过渡时期的澧阳平原是否有农业发生,或者也出现了类似于玉蟾岩的古栽培稻,还不得而知。水稻的出现和稻作农业不是一回事,水稻采集和水稻种植也不是一回事。正如前述,从水稻采集、驯化到真正的稻作农业出现,是一个漫长的过程。过渡时期的人们可能过着一种"广谱"式的生活,也就是说,只要可以为人所食的都加以采集,只要是能为生存所用的均被采用。如果资源充足,食物够用,人们是不会去从事农业劳作的。除非有了压力,比如人口增多造成的食物压力,又比如遇上灾年导致食物短缺,等等,这些都可能使人感到有食物生产与储存的必要。此外,农业生产,特别是开展稻作农业,必须有一系列条件,如适宜的日照环境和湿热水土,稳定的村落和居住人口,田地开垦及生产工具的发明与使用,这些都是稻作农业产生的基本条件。

在这些条件中,定居是非常关键的。游移的人群逐水草而居,居无定所,因此无法从事持久的耕作。稻作农业必须保持稳定的居住地,且居地与稻田之间不能有太长的距离,只有定居村落才能满足这一要求。

图23　竹马遗址高台建筑

　　湖南第一座房子——竹马遗址的高台建筑。1996年7月，为配合襄樊至石门铁路复线建设，湖南省文物考古研究所在临澧县官亭乡竹马村的铁路取土场发掘一处属于过渡时期的高台式建筑遗迹。该建筑遗迹位于澧阳平原西侧的丘岗上，其做法是先在地上堆筑一个台子，高约70厘米，然后在台子上搭建房屋。保留下来的房址遗迹面积约24平方米，外围轮廓呈椭圆形，中部内凹呈方形，南北向。在其南部有一门道，通过门道往台子中部，有一条长4、深0.8米的沟。门道紧挨土台边缘的地方有一圆形水坑。房子周围发现较为丰富的打制石器，包括石核、石片和石锤等。石器个体较小，有明显的使用痕迹。通过房址所处地层及遗物判断，其时代为旧石器时代向新石器时代的过渡时期。相关样品经过^{14}C检测，年代在距今1.2万年左右。因此，这处房址遗迹是目前湖南发现最早的建筑。建筑遗迹的发现，表明当时这里的气候和环境已经完全适宜人类定居，也标志着人们已从山洞穴居或旷野游群的状态进入定居生活，这是社会经济、生活方式和人类行为的重大变化。竹马房屋建筑遗迹的发现，为认识特殊的地貌单元（由丘陵向平原过渡）之于人类的意义，探讨旧石器时代文化向新石器时代文化的转变，以及研究早期的建筑形式提供了不可多得的材料（图23）。

　　八十垱下层是一处重要的过渡时期文化遗存，埋藏在澧县八十垱遗址间歇层之下。八十垱遗址的堆积，上下有三个大的阶段，上层堆积的主体是新石器时代的彭头山文化，其下则有一层厚厚的纯净黄土，称为间歇层。在黄土之下，还有另外一层文化堆积，发现了重要遗物和遗迹：考古发掘出土数处可能是石器加工场所的遗迹现象，这种现象表现为石制品呈规律地分布，每一件成形石器的周围都有数件碎块。有石器与碎屑、碎块交错分布，石器单独分布，碎屑单独分布等几种方式，说

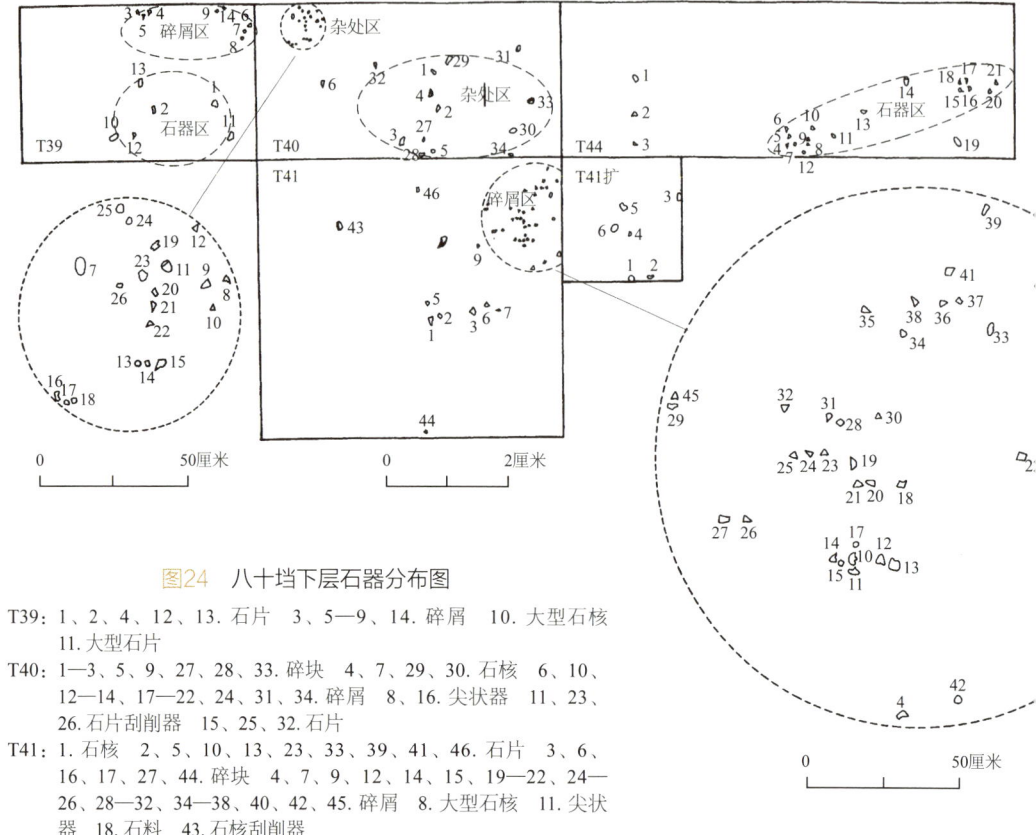

图24 八十垱下层石器分布图

T39：1、2、4、12、13. 石片　3、5—9、14. 碎屑　10. 大型石核　11. 大型石片

T40：1—3、5、9、27、28、33. 碎块　4、7、29、30. 石核　6、10、12—14、17—22、24、31、34. 碎屑　8、16. 尖状器　11、23、26. 石片刮削器　15、25、32. 石片

T41：1. 石核　2、5、10、13、23、33、39、41、46. 石片　3、6、16、17、27、44. 碎块　4、7、9、12、14、15、19—22、24—26、28—32、34—38、40、42、45. 碎屑　8. 大型石核　11. 尖状器　18. 石料　43. 石核刮削器

T41扩：1、3、5. 碎块　2、4. 石片　6. 石核

T44：1、9、17、18. 碎块　2—7、11、20. 石片　8、12. 碎屑　10、21. 石核刮削器　13、15. 尖状器　14、19. 石料　16. 石片刮削器

明当时石制品的制作具备了一定的功能区划。因此，判断这里可能为石器制作加工的场所。八十垱下层的石器形态和制作技术整体保持了澧水类群旧石器时代文化的传统风格，石器的小型化、制作锤击法，多单面打击而少双面打击的制作工艺，显示其既是本地旧石器风格的延续，又为后来新石器时代石器的打制技术奠定了基础（图24）。

澧阳平原过渡时期的另一处重要文化遗存是临澧华垱遗址，该遗址位于临澧新安镇华垱村，南距新安镇约4千米，遗址所在的地貌环境为山前平原的低岗处。该遗址是当地文物干部在调查一处砖厂取土断面过程中发现的。遗址堆积在网纹化土层中，这样的地层一般被认为属于旧石器时代，包含旧石器时代的石制品，但是，在地层中却意外发现了陶片，说明当时已经有了陶器，此现象显得极为重要。2007年1月，对该遗址进行复查，再次在网纹土中发现陶片。该网纹土层呈灰

图25　考察华垱遗址及出土陶片

黄色，顶部距地表深约1.1、厚约1米。下伏地层是澧水左岸二级阶地堆积，为晚更新世早期的橘黄色网纹土。2012年，国家文物局批准对该遗址进行考古发掘，遗址上层出土新石器时代彭头山文化的遗物和遗迹，其下则为年代较早的华垱遗存，也发现有陶片，以及打制和磨制的石器。陶片经北京大学碳十四实验室检测，为距今14750—12950年，这个年代甚至比竹马遗址还要早。不过，由于埋藏环境的原因，在澧阳平原并没有发现这个时期的动植物遗存，对当时人类生活的方方面面还无法复原出完整的图景（图25）。

不禁要问，澧阳平原一带发现的这类遗存，与南岭地区的文化有什么关系？华垱发现的陶片与玉蟾岩的陶器是否有一定的关联呢？就现有的证据来说，这个问题还无法准确回答。从年代而言，玉蟾岩遗存显然要早于华垱、竹马一类的遗存。竹马能够在野外建筑房屋，显然比栖居于山洞更为先进。如果比较华垱的陶器与玉蟾岩的陶片，则华垱陶片在制作工艺、羼和料、烧成温度方面均显进步。但是从另一个方面看，玉蟾岩发现的动植物遗存非常丰富，特别是发现了早期水稻遗存，还显示了其具有栽培稻的特点，这些对于了解玉蟾岩遗存时代人类较丰富的生活信息提供了一些证据。南方酸性网纹土中无法保存有机质遗物，导致华垱一类遗存许多信息缺失，对其认识不足。至少目前还无法从陶片、石器的形态和工艺等来推测其与玉蟾岩一类遗存的关系。

澧阳平原有着古老的文化传统，旧石器时代文化谱系清楚，序列完整，意味着这里人类文化的持续稳定性。一系列过渡时期文化的发现，则为这里旧石器时代向新石器时代的演变提供了证据。华垱遗存是这个连续演化链条上的重要一环，因此，本地文化和传统肯定会对华垱遗存产生影响。当然，也不排除华垱一类遗存与玉蟾岩遗存有某种形式的联系与交流。旧石器时代，湘南、湘北均属于南方砾石石器工业体系，旧石器时代文化上的相似性也表明两地之间存在着交流，年代趋晚则更不可能中断。只不过要清晰地复原其交流方式与渠道，则要寄希望于发现更多的证据，并形成较为完整的证据链，才能最终解决问题。

二、最早的土围子——彭头山文化村落镜像

华垱一类遗存从澧阳平原旧石器的原野上破土而出，竹马建起了第一座房子，标志着定居时代的出现。不过，由于目前此类遗存的发现还较少，因此，对这个遗存的整体印象还不甚清晰，有点若明若暗的感觉。从华垱遗址的发掘来看，其较晚地层堆积的陶片则显示了一个新时代的到来，那就是彭头山文化。

彭头山文化是目前长江中游文化特征明确、年代明确、分布范围明确的新石器时代文化，其年代上限为距今1万年前后，下限则在距今7600年前后。这是长江中游最早的具有典型意义的新石器考古学文化。彭头山文化是以其典型遗址——澧县彭头山遗址来命名的（图26）。

图26　彭头山遗址及其环境

彭头山遗址位于澧县县城西北，距县城约12千米。这里是一处小土岗，海拔不足45米，相对高度5米。周围地势开阔平坦，西、南残存澧水支流澹水的小支流河段。彭头山遗址是在20世纪80年代第二次全国文物普查中发现的。其发现过程还颇有一段来历，当时普查过程中在彭头山遗址发现的陶片大家并不认识，其特征不见于湖南、湖北任何一支原来已经确认的考古学文化，认为其年代应该比较早，可能是两湖地区最早的新石器时代遗存，但是也不能准确判断，就请来了国家文物局的专家，他们仔细观摩出土的陶片和相关遗物，一致认为这是长江中游年代最早的新石器文化遗存。于是，一个新的考古学文化出现了，在不久后发表的彭头山遗址调查报告中，第一次明确提出了"彭头山文化"的命名。

1988年11月，湖南省文物考古研究所对彭头山遗址进行主动性考古发掘，出土的遗物主要有陶器和石器，陶器数量多，经过室内整理和修复，复原出一批完整的陶器。通过对陶器的形态观察和研究，大致可以重建当时陶器的制造工艺和流程。陶器首先要选取黏土，这些黏土要进行初步淘洗，并根据制造器物功能的不同来选择不同的淘洗工艺。在此过程中还要在陶泥中掺入一定的物质，比如砂，有粗砂和细砂两种，也要掺入稻壳、螺蚌壳等，这些物质的掺入，目的是要增加陶器的传导热量和耐火力。从民族学资料来看，制作陶器的工作或许由部落女性来担任。当时的制陶是将陶泥压制成泥片，从器底开始一片一片贴筑，在贴筑过程中还通过一些工具来塑形、加固器身，还要在器物的表面抹一层涂料——即后来制作瓷器的化妆土层，也要在器物的表面刻划、戳印和拍打出一些纹饰，其工具可能是木拍、竹签等。这一系列程序的实施需要一双灵巧的手，一件成型陶器的完成必须靠手来操作，正因为如此，就不可能有完全一样的陶器。陶器制作完成之后还只是陶坯，需要晾干才能烧制。当时还没有发明陶窑，烧陶器完全是在露天环境下，将陶器与柴禾堆在一起烧。烧的过程中还要不断添加柴禾，火候与温度的把握则全凭经验。因此，彭头山遗址出土的陶器看起来色泽不均，表面斑驳，说明烧制过程中火力并不均匀。不过，即便于此，当时人们在烧制陶器方面已经有了相当成熟的技术，所有的陶器各个部位都已经烧透，对陶器的造型、纹饰图案及口沿、颈腹、器底等的把握也有一套完整的流程。彭头山文化的陶器技术因此也有了自己的风格和特征，这些具有特征性的陶器及其组合在多个遗址出现，符合考古学文化的命名原则。

彭头山文化遗址的发掘，除了彭头山遗址，1993—1995年还发掘了澧县八十垱遗址，2011年发掘了临澧杉龙岗遗址（图27）。这三个都是典型的彭头山文化遗址。另外，还有几处遗址包含有彭头山文化遗存。

彭头山遗址出土的陶器，主要有深腹罐、双耳高领罐、盘、钵、釜、支座、

图27　杉龙岗遗址考古发掘现场

碗、碟、盆、三足罐等。八十垱遗址的陶器有小口深腹罐、大口深腹罐、筒形罐、卵圆腹罐、高领罐、高领双耳罐、深腹钵、浅腹钵、盘、支座、三足器等。杉龙岗遗址出土的陶器有釜、罐、钵、盆、支座、多足盘、杯、异形器等。三处遗址都出土了一定数量的打制石器和磨制的石斧、石锛、石棒。从上述陶器来看，人们的日常生活陶器用具已经有了明确的分工。并且，因为功能的不同，陶器的质地和色泽、纹饰等都有不同的体现。比如，陶钵、釜、支座等作为炊煮食物的器皿，必须更加耐火和易于传导热量，所以这类陶器往往夹砂，且显厚重。陶盆、罐、碗、杯等或为盛放食物而用，则略为单薄，但表面比较讲究，往往有较为复杂的纹饰，同时还在器表涂抹红色陶衣，这些差别说明当时人们的生活用品已经有了明确的功能划分，各种质地和形态的陶器分别满足人们日常生活不同方面的需求（图28）。

根据彭头山文化时期这几处经过发掘的遗址之特征，可以认定其都是当时的村落，而非短期的营地。作为定居村落，也就有了较为明确的功能划分。一系列重要遗迹可以帮助我们认识当时的生产和生活情况，也可以帮助我们认识当时的生态环境和人类行为。

八十垱遗址作为一处村落，有较为明确的规划：该村落从建造之始，就在村子的外围开掘壕沟，开挖壕沟的土就近堆在一侧，形成土埂，环绕起来就是土围环壕。第一道土围环壕将整个村子都围绕起来，成为名副其实的土围子。后来，由于人口增加，村子规模扩大，又把第一道壕沟填上，在更外围开挖第二道土围壕沟（图29）。村落内部，则将房子建在略高的地方，有的房子在建造前还垫筑土台，然后在台子上建房——这个技术在竹马那个时期就已经出现，或许作为一种处

图28 彭头山文化陶器（彭头山遗址出土）

图29 八十垱遗址考古发现壕沟

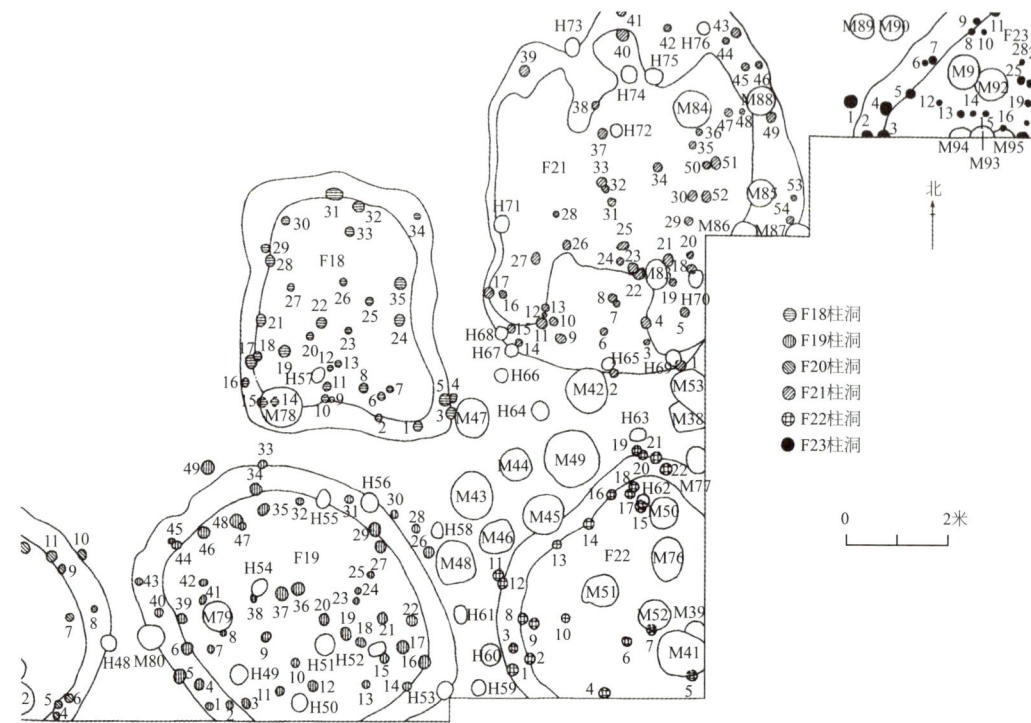

图30　八十垱遗址遗迹平面分布图

理地基的技术传统被继承下来。在居住区的西侧还单独划定了仓储区,建造了多间大大小小的粮仓。数个居住区之间的空间,则被用来作为墓地。这样的情况基本表明当时人们对于村落空间功能的划分是比较明确的,这或许就是湖南地区村落规划的起源(图30)。

不仅如此,人们对于所居住的空间环境及与其相邻村落的关系也是非常明确的。考古调查,澧阳平原有20多处彭头山文化遗址,其主要分布的位置是澧水的支流——涔水、澹水两岸或其小支流旁,各遗址之间的空间位置大致呈两两聚集状态,亦即大致两个村子毗邻而居,这样的村落分布状态或许与当时的婚姻制度有关系——相邻村子之间存在通婚,同村则不通婚。这说明一个村子就是一个遵循同一血缘的宗族单位,以血亲作为维系村落成员的纽带,并维持着与相邻村落的族外姻亲关系来繁衍后代。村子内部则以家庭或核心家庭为单位。八十垱遗址发掘出多组建筑遗存,在空间上有一定的排列方式,说明按照家庭、家族来居住和生活是当时村落的社会组织方式。此时还看不出建筑之间、墓葬之间的等级分层或贫富差异,因此,可以判断整个村落的居民在财富和地位上较为平等,同时也说明早期农业村落还未出现财富集聚。当然,就现有材料而言,还无法判断当时财产和资源的占据与分配到底是一种什么样的情况，是村落统一分配，还是各个家庭自由生产和消费？既然能够开挖一道环绕村子的壕沟，显然不应该是某个家庭或几个家庭的单独行为，应该是整个村子共同的工作。这个工作由谁发起？由谁指挥？由谁进行协调和管理？还未可知。与此同时，当时村落内的事情是如何商议的？涉及全村人利益的事情由谁来决定？是采取民主议事的形式，还是有一位领头主事？这些问题都还无法确知。

八十垱遗址在发掘过程中，于一处面积很小的深坑中出土不少木器，有杵、锥、柄、牌饰、砣具，制作精细，此外，还发现了编织紧密的芦席和竹绳，这些可以让我们了解到彭头山文化时期人们生活的精细化程度，确有"甘美食，美其服，安其居，乐其俗，邻村相望，鸡犬之声相闻"的美丽乡村之感（图31）。

1

2

1　八十垱遗址出土芦席、木器

　1. 芦席　2. 木器

彭头山文化遗址出土的动植物遗存，为了解当时人类的生产和生活情况及当时的生态环境，提供了珍贵的资料。彭头山遗址的陶片中发现掺杂了较多的稻壳和稻叶，说明水稻在当时是非常重要的食物资源。八十垱遗址出土稻谷和稻米9800粒。该遗址的考古发现还表明，进入人们食物结构的不仅仅是稻谷，还有其他植物及其果实，种子有梅、桃、葡萄属、芡实、菱果、中华猕猴桃、君迁子、悬钩子属、野大豆、紫苏、栝楼、薄荷、苋等，这些植物可以直接食用；也有可以药用的植物，如川楝、朱砂根、水麻、牛膝、粟米草、紫草、菟丝子属、黄荆、牡荆属、忍冬属等。数量统计角度还无法对其做定量分析，在这批植物中，按粒数算，稻谷和稻米最多（图32）。动物在人类的饮食中也占有重要地位，彭头山遗址中发现了牛牙，还发现了鸟类标本。八十垱遗址共出土动物标本548件，哺乳动物包括鹿、麂、牛、猪、黑鼠、水鹿；鱼类遗存非常丰富，也包括贝类、龟鳖类腹板和鸟类。这批标本残骸保存状况较差，风化严重，表皮脱落。其中，大型哺乳动物管状骨的折断斜面并非作为工具的加工面，可能是人类为了便于搬运猎物对其肢解而造成的。在这批动物中，猪的标本较少，牛的标本过于残破，均不能判断是否为家养，应当仍然属于狩猎的性质。从整个动物种群来看，八十垱聚落的人们不仅猎捕大型的哺乳类食草动物，如牛、猪、鹿、麂等，还猎捕鸟类。也从事捕捞，如水生的鱼、龟鳖和贝类等。司马迁所谓南楚地区的"饭稻羹鱼"之意象，在这个时期已然出现。

八十垱遗址出土丰富的植物食物遗存，显示彭头山文化时期的人们对于植物的选择有很宽的范围。显然，许多植物只是一种辅助性的食物，水稻才是主要的植物食物。在动物方面，哺乳动物的个体数量少，种类单调，说明当时狩猎经济已经退居次要地位，主要以采集和捕捞作为经济的补充。这也说明彭头山文化时期生业的主要形态——生产性经济的主导地位正在确立。

彭头山文化时代的人们从事着农业生产劳动，想必不是一件很容易的事，他们的生产力水平还不高，粮食产量应该也不太高，生产的粮食或许还难以维持生存之需，因此还要从事类似"广谱"式的获取食物方式。他们为什么一定要定居，为什么不能像原来旧石器时代的人们那样逐水草而居呢？原因可能是多方面的，环境、人口、资源等都应该加以考虑。之所以定居而不再作为游群四处游荡，是因为各种因素的叠加，迫使人们定居下来开展农业生产，唯有如此，部落才能生存，血缘才能延续。

彭头山遗址地层剖面孢粉分析的结果显示，植物主要有杉木、水稻、松、枫香、石松、里白、鳞盖蕨等。从地层堆积序列来看，杉木自上而下大量增加，松及阔叶树自上而下不断减少。从植被情况看，彭头山文化时期的气温比现在略低，但

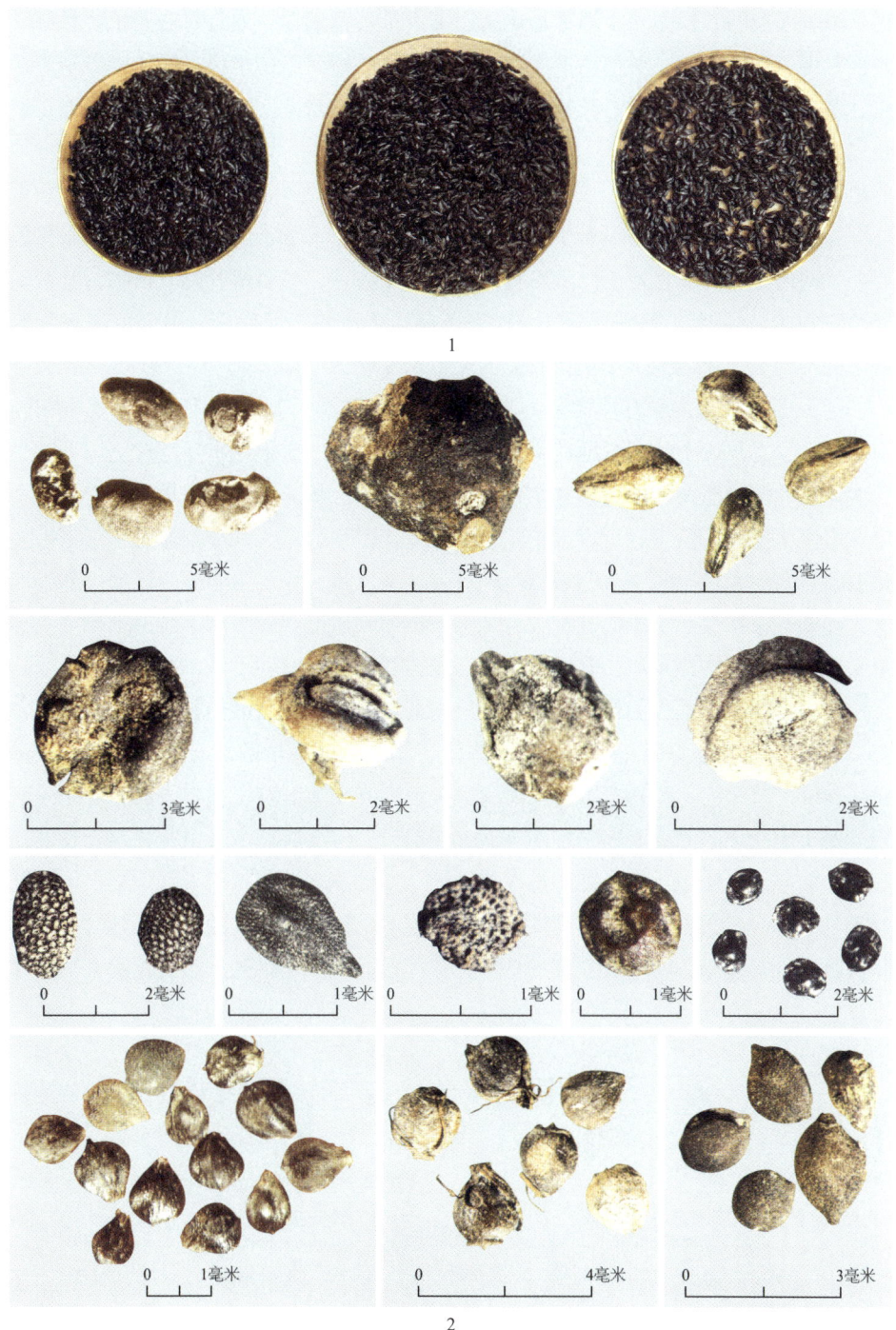

图32 八十垱遗址出土水稻、植物种子
1. 水稻 2. 植物种子

仍是温暖湿润的气候。八十垱遗址也出土了大量植物遗存，通过对这些植物种群的分析，可以帮助我们了解该遗址当时的环境和气候情况。这里出土的木材分别为柘树、厚科树、麻栎、喜树、朴树、榆树、杉树，树种整体反映当时的气候应该是温暖湿润的。除了直接鉴定木材外，还进行了孢粉分析，一共观察孢粉325粒，发现的植物孢粉隶属13科16属，木本有松属、马尾松及枫杨属、枫杨、苏铁、栎属、鹅耳枥属、胡桃属等；草本以禾本科为主；蕨类植物有禾叶蕨属、海金沙属、石松属等。反映出彭头山文化地层以禾本科与松属为优势种，较多落叶阔叶植物，常绿阔叶植物很少，虽然这些种群整体上代表了湿润温暖的气候环境，但温度比现代略低。这样的生态环境适合于稻作农业的发生和发展。

彭头山文化作为长江中游新石器时代文化之初始，其分布地域主要集中在湖南澧阳平原。从这个地区深厚的文化背景来看，彭头山文化的出现与这里旧石器时代文化及过渡时期文化的积累和孕育是不可分割的。从彭头山文化早期的遗址均集中在澧阳平原这一特点也可以看出，该文化是土生土长的，而非外来——彭头山文化石器与该地区过渡时期及旧石器晚期石器技术风格一致就是明显的证据。彭头山文化晚期开始从澧阳平原向外扩散，从汨罗黄家园遗址和南县涂家台遗址均发现有彭头山文化晚期遗存来看，其分布范围已经波及整个洞庭湖平原，东边甚至已经到了湘江东岸一带。不仅如此，它的一支还向北发展到长江之滨。长江沿岸的湖北宜都、枝江等地受彭头山文化的影响，产生了湖北地区最早的新石器时代考古学文化——城背溪文化（图33）。向西南则进入沅水流域中上游，参与了高庙文化的形成。彭头山文化的鼎盛时期是在距今8000年前后，这个时期彭头山文化蓬勃发展，显示出超强的生命力，在长江中游纵横驰骋。它的声名已然超出长江中游，传到更遥远的地方，对长江下游地区、江淮地区的史前文化都有一定的影响。同时，它也积极吸取外来养分，将中原文化的贾湖文化因素、长江下游的上山文化因素都吸收

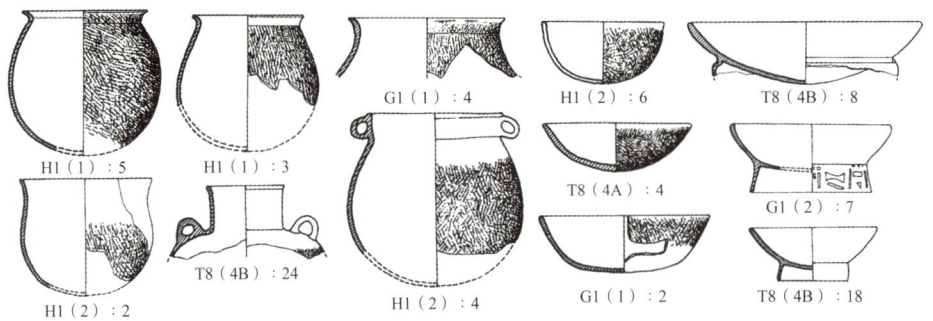

图33　城背溪文化陶器（城背溪遗址南区出土）

进来。这种现象的主要表现就是外地的某种陶器风格在本地突然出现，这暗示两地之间有一定的联系。由此可以观察到，8000年前的湖南，就已经迈入了文化融合与交流互动的史前中国体系。华夏文明的万年起步，湖南做出的贡献不可低估。

三、七千年前露峥嵘——皂市下层文化的扩散与交流

距今7600年以后，彭头山文化发展出数支，如同一棵大树树干发出的分枝，主枝为皂市下层文化，另外两个重要的分枝则是北边的城背溪文化和南边的高庙文化。皂市下层文化的年代为距今7600—7000年。

皂市下层文化以石门皂市遗址命名，又何来"下层"之说呢？原来，皂市遗址于1960年被发现的时候，被认定为一处商时期遗址，这个遗址的主体堆积也确实是商时期遗存。1977年首次发掘的时候，在商时期的遗存堆积之下，发现有一层黄色黏土，土质结构紧密、纯净，几乎无包含物，厚度10—55厘米。在这层之下，又有一层厚30—60厘米的堆积，包含大量遗物，皂市遗址商时期文化堆积的下层——"皂市下层文化"遗存全部出土于该层。该遗址后来在1981年、2001年又进行了两次较大规模的发掘，出土了不少文化遗物，其发掘成果为确立"皂市下层文化"奠定了基础。

洞庭湖地区同类遗存的一系列考古发掘，丰富和完善了皂市下层文化的文化内涵。

1986年10—11月，湖南省文物考古研究所会同常德地区文物工作队和临澧县博物馆，对临澧胡家屋场遗址进行第一次发掘，取得重要收获。对遗址的范围、形状、层位和堆积特征有了基本了解，发现大量石器、陶器，发掘还采集大量土壤标本，进行了植物孢粉分析与土壤结构分析。上述成果对了解皂市下层文化的人类行为与生态环境提供了重要材料。

1990年4月，岳阳地区文物工作队抢救性发掘岳阳钱粮湖农场坟山堡遗址，这次发现的遗迹有房址1座、灰坑3个、墓葬1座；遗物有陶器和石器。1991年10—12月，湖南省文物考古研究所和岳阳地区文物工作队联合组成考古队，第二次发掘坟山堡遗址，文化堆积以皂市下层文化遗存为主。这次发掘出土的陶器为进一步了解皂市下层文化的年代分期提供了重要材料。陶器大致可分为三段：第一段上承彭头山文化晚期；第二段相当于胡家屋场遗址早期和更早一段时间；第三段相当于胡家屋场遗址二、三期和皂市文化下层。遗存分期表明，这个村落延续的时间相当长。该遗址出土的陶器表面还出现装饰白衣的现象，这是坟山堡遗址的重要发现。第一阶段发现大量柱洞，但未发现基槽和垫土地面，因此，推测居址应为干栏式建筑。二、三段时出现地面建筑，并有意铺砂和红烧土防潮，增加居住面的

硬度。反映出洞庭湖地区新石器时代年代较早阶段的人们对居址建设的认识与发展。本次发掘还发现墓葬50余座。

1994年2—3月，调查和试掘南县涂家台遗址，收获一批陶器，其特征属于皂市下层文化。

1995年11—12月，岳阳市文物管理处发掘汨罗黄家园遗址，发掘者认为该遗址早期属于彭头山文化，中期属于皂市下层文化。

1999年1月，益阳市文物处再次试掘涂家台遗址。3—4月，湖南省文物考古研究所和南县文物管理所联合发掘南县涂家台遗址，发掘面积240平方米，发现彭头山文化和皂市下层文化遗存，尤为重要的是，发现了皂市下层文化时期的14座墓葬。

2016年5月，湖南省文物考古研究所对澧县鲁家山遗址进行系统调查、勘探及发掘。调查勘探确认遗址的文化遗存分布范围呈椭圆形，东西长约130、南北宽约85米，总面积约1万平方米。遗址北、东、南三面被水堰围绕，西部有一豁口与外相连，是一处新石器时代环壕聚落遗址。发掘确认鲁家山遗址文化堆积为皂市下层文化遗存，发现灰坑、灰沟、房址、祭祀坑等遗迹，出土了陶双耳罐、陶钵、陶釜、石凿、石斧等丰富的文化遗物（图34）。

图34　鲁家山遗址远景

由上可知，皂市下层文化的田野考古工作量，显然比彭头山文化遗址大了很多，这也从另一个方面反映出皂市下层文化遗址在湖南的数量已经远远多于彭头山文化。结合以上考古发掘成果，大致可以对皂市下层文化时期的社会与文化做一些考察。从环境而言，皂市下层文化的人们仍然生活在一个与彭头山文化时期大致相同的环境中，当时的气候总体而言是温暖湿润的，洞庭湖也还没有出现后来的大水域，而是一个河网交织、沼泽分布的自然景观。从文化分布范围来看，皂市下层文化的分布较彭头山文化明显扩大，已经完全占据整个洞庭湖平原，并且深入到山区的河谷处。比如皂市遗址，就在澧水支流——溇水的一级阶地上，是一处典型的山区河谷遗址。这样的环境或许并不太适合稻作农业，那么，这里就应该是农业之外的生存模式和经济形态。但是，由于材料太少，还无法做更多的考察。不过，相比彭头山文化时期，皂市下层文化还是有了长足进步：鲁家山聚落的环壕甚至还在地面上完整保存下来。这种环壕是当时人工开掘的，需要调动一定规模的人力和物力。坟山堡和涂家台遗址都发现了专门的墓地，说明此时已经不是彭头山文化时期那种墓葬与居住区"混排"的状态，而是有了明确的"阴间""阳间"的概念。涂家台墓葬还发现了一种狭长形、两边和两头翘起的墓圹，推测当时可能使用了"独木棺"一类的葬具。皂市下层文化的聚落既发现于平原，也发现于山区河谷，暗示一种文化共同体范畴内可能有不同的经济形态并存，表明人类对于资源的利用、空间的开拓都有了显著进步。

皂市下层文化的陶器与彭头山文化陶器相比较，有了一些新的变化，彭头山文化时期尚没有熟练掌握陶土的淘洗技术，故多夹炭陶、夹粗砂陶，皂市下层文化早期夹炭陶减少，晚期泥质陶增多，基本不见夹炭陶；彭头山文化陶器制作方法为泥片贴筑，到皂市下层文化时期发展为泥条盘筑技术；圈足盘是其最明显的特点，圈足器不是彭头山文化的风格，但却是皂市下层文化最典型的特征。原来流行的猪嘴形支座已经消失，双耳罐的形态特征也发生了明显变化，耳的位置都移到了口颈部。陶器的纹饰也比以前更加规范和整齐，器壁也明显变薄（图35）。

彭头山文化从距今1万年前后开始，延续了大约2500年，到距今7600年出现皂市下层文化，一个延续时间如此之长的文化为什么会被另一个文化所替代，这种替代现象的背后到底发生了什么？换言之，导致彭头山文化向皂市下层文化转变的动因是什么？这是涉及人类历史进程研究中的一个重要问题，也是任何从事历史和考古学研究的人必须回答的问题。

正如前文谈到的，我们看到的"考古学文化"只能是当时人们存留下来的一部分实物，这些实物在时间和空间上可能以"群组"的方式存在，一群或一组实物比较稳定地存在于一定的时间和空间内，就认为其可以构成一个"考古学文化"。

图35　皂市下层文化陶器

实物就是考古发现的遗迹和遗物,这些存在于一定时空中的实物群,会随时空的变化而变化。造成这种变化的因素很多：环境的变化,经济形态、生产方式、社会组织、习俗、审美的变化,外部因素的介入和介入力度的大小,等等,都会在实物遗存上反映出来,使其发生变化,如此,考古学文化就会发生变化。任何考古学文化都具有特定的,也许并不一定非常明确的时空边界。比如,同一个时间段,空间距离甚远的两群人,应该不会使用完全相同的一群实物。同理,在同一个空间内,时间相隔甚久的人,也不可能使用完全相同的一群实物。不同的考古学文化实际上就是这么被分开的。

　　需要说明的是,人群和文化并不能画等号。比如,一个村落有一群人,可能世世代代居住在这个村落里,即使过了数百年,村落里居住着的还是当时那群人的后代。但是,他们使用的物品,甚至包括他们居住的房子都已经发生了变化,和数百年前的祖先所使用的实物有了明显的差别,那么,在考古学上就可能将这相差数百年的实物划为两个"实物群",进而当成两个不同的考古学文化。还有一个假设,比如A村三百年前有一群人居住,他们拥有同一个"文化",一百年后,有一支人从A村迁走了,并且走得很远,在另外一个不属于这个"文化"的地方建了一个新的B村定居下来,按道理,A村和B村在血缘上是同一支人,是一群人。B村人应该使用和A村人同样的实物,但是,再过两百年,A、B两村可能在实物群上已经有很大的差别了,这完全符合划分出一支新的"考古学文化"的条件。举这个例子,意欲表达的是,文化和人群、物质和使用物质的人们之关系是动态化的,时间、空间、人群、文化之间的关系也是非常复杂的，切忌简单画等号。当然，也不能武断地说他们之间没有关系。

针对彭头山文化向皂市下层文化的转变，我们注意到，在空间方面，皂市下层文化所分布的范围虽较彭头山文化有所扩大，但其基本还在那里，空间上并没有大的变化。时间方面，则是前后2500年的差别。岁月变迁，沧海桑田，几十年的岁月磨砺就可能物是人非，几千年的风云变幻必然会使"文化"发生变化。

因此，考察距今数千甚至上万年远古时期社会与文化的变化，特别是考察其变化的动因，是需要非常谨慎的。我们无法一窥那个时代的细节，但变化却往往始自细节。几千年中，这里的人们到底发生了何事，也不会很清楚地呈现，发生的事再反映到实物上来是需要过程的，这个过程有多久，更不清楚。变化可能是"一夕之间"，也可能是漫长的阶段。

从彭头山文化到皂市下层文化，陶器制作的工艺发生了变化，建筑形态亦有了变化。墓地与居住区已经分开，壕沟的开掘力度比原来更大，文化分布范围也已经扩大，经济形态或许也有了变化。

前述皂市下层文化与彭头山文化相比较，在陶器变化方面的表现较多，最为突出的特点是出现了圈足盘，这种器物不见于彭头山文化——就目前考古发现而言。但是，圈足却是长江下游新石器早期文化陶器的突出特点。浙江浦阳江流域有一支重要的考古学文化——上山文化，年代上限略早于或相当于彭头山文化时期，该文化陶器的主要类型有盆、罐、钵、盘、杯、筒状器、纺轮、陶拍，另有少量器物附件，如器耳、器錾等。其中，圈足盘、圈足盆最具特色，这类圈足器是目前中国发现的陶器中年代最早者，皂市下层文化圈足器的出现是否是彭头山文化受到上山文化某些因素的影响？目前的线索还不足以解决这个问题。因此，我们倾向于皂市下层文化是彭头山文化发展变化的结果，但在发展过程中显然受到某些外来因素的影响。

皂市下层文化在其发展过程中，自身也在发生变化。其存在的时间有600余年，其间也应与外界发生过交流。湘江流域中上游的汨罗附山园、长沙南托、湘潭老虎坑、茶陵独岭坳等遗址中均可见到皂市下层文化的影响。沅水中上游的高庙文化，亦能见到皂市下层文化因素的影响。甚至资水源头广西资源晓锦遗址第一期文化遗存中，也能够见到它的因素。皂市下层文化也北及长江，甚至跨越长江，与那一带的城背溪文化发生了交流。更重要的是它与长江下游文化的种种关联，引人遐思。

长江下游钱塘江地区上山文化之后是跨湖桥文化，焦天龙认为皂市下层文化与跨湖桥文化有很大的相似性，这种相似很难用文化交流或传播来解释，应该将跨湖

图36　有客乘舟来——从湖湘到湘湖？浙江萧山湘湖跨湖桥遗址出土独木舟

桥文化理解为皂市下层文化的移民文化。他进而论证皂市下层文化表现出很强的扩张性，其居民长期生活在水乡，早已掌握舟楫之术，其中某个社群沿长江而下，到达长江下游和浙江沿海地区，发展出了跨湖桥文化[1]。韩建业认为跨湖桥文化是在当地文化的基础上，接受长江中游彭头山文化的影响发展而成，之后反向对长江中游产生较大的影响，促使彭头山文化转变为皂市下层文化[2]（图36）。

---

[1] 焦天龙：《论跨湖桥文化的来源》，《浙江省文物考古研究所学刊（第八辑）》，科学出版社，2006年。
[2] 韩建业：《试论跨湖桥文化的来源和对外影响——兼论新石器时代中期长江中下游地区间的文化交流》，《东南文化》2010年第6期。这些观点都有助于进一步认识皂市下层文化时期湖南的历史位置。

第四章

浪漫神秘　众妙之门

——高庙文化引发史前中国第一次艺术浪潮

> 汤谷上有扶木，一日方至，
> 一日方出，皆载于乌。
> ——《山海经·大荒东经》

一、丛林之光——高庙文化的产生与发展

彭头山文化和皂市下层文化盛行于洞庭湖之际，史前湖南历史车轮滚滚向前：江河湖沼，舟楫之声回荡，平原丘岗之边，田舍炊烟俨然。农业为主体，渔猎采集为辅助的经济形态使得这里饭稻羹鱼的生聚获得平稳发展，持续的发展又反过来促进经济技术提升，也加快了人口的增殖。人口的增加必然导致一系列复杂关系的产生，也加速了资源获取方式的多样化进程，还有必要开拓新的资源渠道。当人口增加导致资源压力进一步紧张，达到无法维持社会稳定和安居局面时，矛盾就会升级。解决矛盾的方式有很多种，比如进一步提高资源利用率，开发新的食物来源和渠道，等等。在民族学资料中，还可以看到有的原始部落为了维持人口增长与资源的平衡，采取杀婴方式来控制人口；还有就是抢夺资源，这将导致部落冲突加剧，甚至爆发战争；另外还有一种方式，就是迁徙与移民，向边缘和外围迁徙，向人口稀疏的地方移民，去开辟新的生存空间。

沅水中上游山间河谷地带位于武陵山腹心，崇山峻岭，河流切割，河谷和山间小盆地发育，这样的环境显然不太适合农业的发展，也无法养活更多的人口。与平原地区相比，这里资源获取和人类生存显然具有更大的挑战性。但是，距今7000年以前，就是在这样的地区，孕育出一支极具特色和极大影响力的新石器文化——高庙文化。

高庙文化是以洪江高庙遗址为代表的考古学文化，其位于湖南省洪江市（原黔阳县）安江镇岔头乡岩里村，地处沅水北岸的一级阶梯上（图37）。该遗址于1986年文物普查时被发现，1991年、2004年、2005年三次发掘，揭露面积近1700平方米。遗址堆积的遗存分上、下两个大的阶段，其下部堆积被命名为"高庙文化"。

第四章 浪漫神秘 众妙之门——高庙文化引发史前中国第一次艺术浪潮 | 055

图37 高庙遗址远景

该遗址高庙文化遗存属于典型的贝丘堆积，在主体成分为螺蛳蚌壳的堆积里出土了丰富的遗迹和遗物，遗迹有房址、灰坑、窖穴、墓葬、祭祀场，遗物有陶器、石器、骨器、蚌器，还有大量动物骨骼。1993年12月，发掘辰溪征溪口遗址，该遗址下层遗存亦为高庙文化。1993年12月至1994年1月，发掘辰溪松溪口遗址，其下部同样堆积有高庙文化遗存。1998年5月，发掘吉首河溪遗址。此外，因配合沅水梯级开发水电站工程建设，2006年，发掘辰溪台坎大地遗址、溪口遗址，2009年，发掘中方岩匠屋遗址，2011年，发掘洪江托口镇金家园遗址。泸溪浦市下湾遗址也在距1980年首次发掘36年之后，于2016年、2017年进行了两次发掘，发现大量高庙文化遗存。与此同时，在沅水的上游清水江贵州省境内，也发现有高庙文化遗存，天柱盘塘遗址、坡脚遗址、学堂背遗址均发现有属于高庙文化的遗物和遗迹。

　　这些遗址所发掘的高庙文化遗存具有统一的风格，无论是陶器、石器，以及由兽骨等制成的器具，还是居住建筑遗存的特征，均有反映。另外一个共同特征是遗址上堆积了大量的水生螺壳，这些螺壳的数量极其巨大，与蚌壳、动物骨骸及其他微体水生动物遗存等一起形成"贝丘"，暗示高庙文化具有统一的生业形态（图38）。

图38　下湾遗址贝丘堆积

高庙文化的陶器绝大部分是褐红色与灰褐色的夹砂陶，占第三位的是细砂白陶。器形以圜底、圈足器为主，尤以圜底釜、罐和圈足盘最具特色。属于圜底器的还有钵，属于圈足器的还有簋、碗等。目前的材料还无法准确评估高庙文化此类陶器的源头，但圜底器和圈足器却是澧阳平原彭头山文化和皂市下层文化的大宗陶器品类，当不能排除受其影响。此外，桂北地区甑皮岩一类遗存也以圜底器为大宗，其生存环境、生业模式、墓葬形式等也与高庙文化一致，甑皮岩第五期文化遗存不少陶器形态与高庙文化有很大的相似度，也不能排除沅水中上游地区的高庙文化受到以甑皮岩一类遗存为代表的"南岭中心带"新石器早期文化传统的影响。

先不论源头在哪，高庙文化有其自身的独创性，其圜底器和圈足器都有复杂繁缛的图像纹饰，印纹白陶圈足盘尤具特色。釜、罐、钵的腹部无一例外地装饰绳纹，且多为细绳纹或中绳纹。另外，戳印纹与篦点纹交互辉映，成为一大特色。其早期纹饰多以细线刻划为主，晚期则以戳印篦点为主。最具特色的图案有凤鸟、兽面，还有垂帘纹、带状纹、波浪纹、八角星纹。还有部分器物的圈足底部施加彩绘。

高庙文化陶器上的纹饰具有明显的图像化标志，有太阳、八角星、獠牙兽面、凤鸟、梯阙、神面等多种。这类图像纹饰不见于此前的任何其他文化，乃是高庙文化的独创。

仔细审察高庙文化的纹饰图像，发现有非常丰富的内容。太阳纹是普遍见于器物上的一种图像，早期为刻划，也有彩绘，晚期为戳印篦点。太阳的形状也颇不一样，种类繁多，但主题清楚，中间为圆点或圈点，周边有放射状光芒。绝大多数装饰在器物的表面，少数装饰在器物的底部。八角星纹的图像大体与太阳纹的构图相似，但表现的主题是对称八角形，这些八角星与圆形组合，或在圆内，或在圆外，而八个角始终存在。八角星图像一般装饰在器物的腹部和颈部，也有的装饰在器物的底部。神面图像多集中在器物的颈部和上腹部，以圆圈表示眼、嘴，弧线勾画出脸、鼻。兽面獠牙图像的主题是獠牙，表现神兽张开大口的样子，且下獠牙朝上，位于内侧，上獠牙朝下，位于外侧，有的中间还有舌头和两个圆形小鼻孔。凤鸟图像也是高庙文化陶器装饰中比较常见的，早期的凤鸟图像主要是鸟喙和翅膀两种。晚期则多由戳印篦点来表示整个凤鸟的形象，尤其是鸟喙、眼、爪和翅膀较为突出（图39）。此时大多数凤鸟图像都不是单一的凤鸟，而是和太阳、八角星、兽面獠牙等一起组成复合图像，鸟的翅膀上多载着太阳或兽面獠牙，形成凤鸟载日图（图40）。凤鸟载日是这类题材的母题，有的地方则是凤鸟绕日，也有的是双凤朝阳，但都是太阳神鸟的图像表达。此类图像在很多地方出现，流传甚广。在高庙文化的图像里，还有一种白陶高领罐上由戳印篦点制成一组兽面獠牙和双翼与一对立柱的图像，立柱上有梯子以达于柱顶的亭内，柱顶之上则有云气纹，柱子之下有山形台子，台子之下是另外一组獠牙，獠牙图案下则是水波，这似乎是"九重门"或者"三重天"意义的表达（图41）。

湘江流域的长沙南托大塘遗址也发现有相当丰富的图像纹饰陶器，其主题也与高庙文化相似。大塘遗址位于长沙县南托乡三兴村湘江右岸的河流阶地上，1986年进行发掘。大塘遗址的纹饰有兽面獠牙、立柱与塔、太阳、神面；也有彩绘，有黑彩和红彩两种，这类彩绘的年代与高庙文化也基本同时（图42）。

千家坪遗址位于湘江支流春陵江左岸一处略呈长椭圆形的低矮岗地上，面积

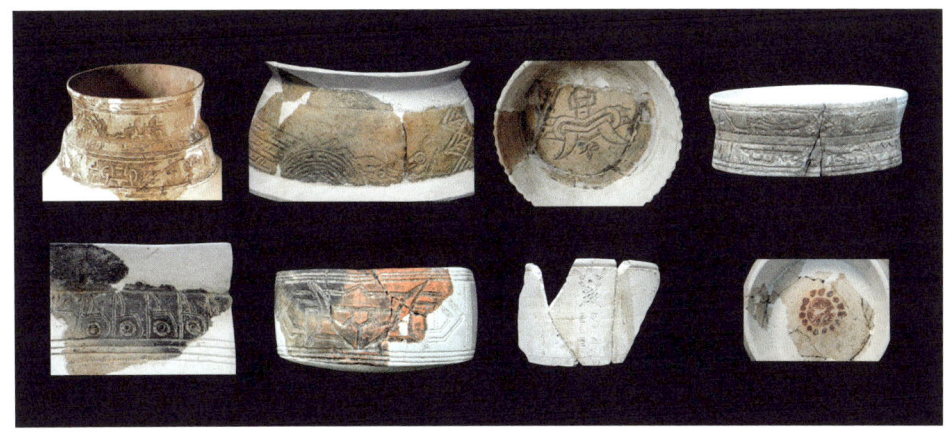

图39　高庙遗址出土陶器

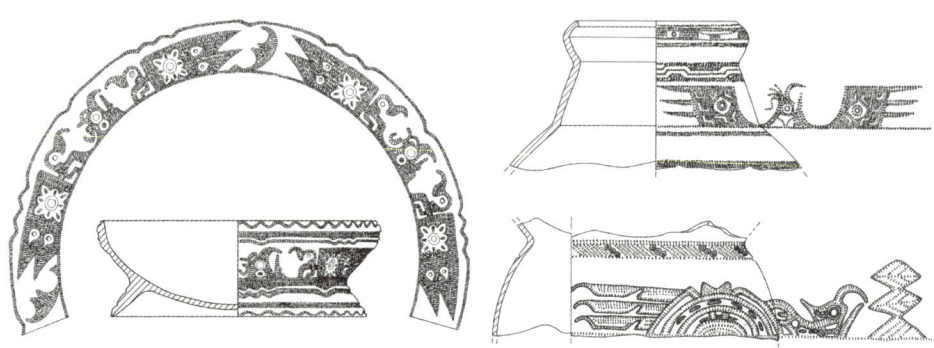

图40 凤鸟载日图

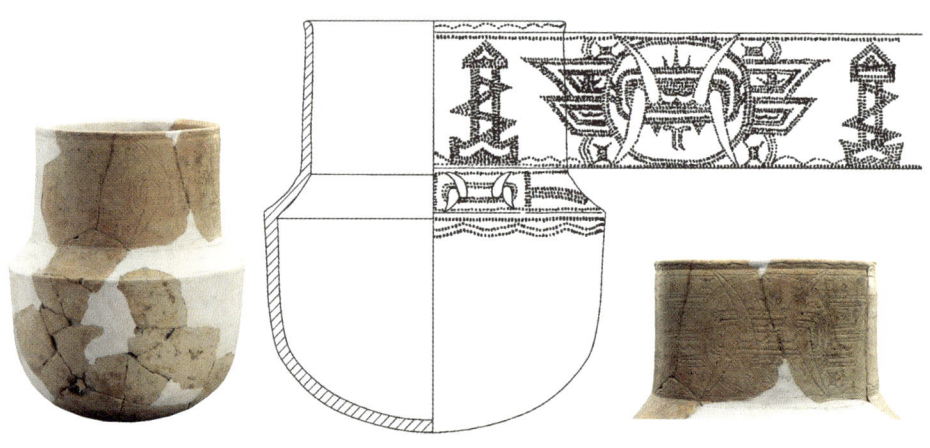

图41 兽面立柱图

图42 大塘遗址陶器上的彩绘纹饰

图43　千家坪遗址出土陶器

近2万平方米。2011年、2012年对该遗址进行了两次考古发掘，陶器以红、白二色为主，前者多夹砂，后者多泥质。器表装饰复杂，罕见素面。红陶以罐类为主，大多施白衣，器物口至肩部多以浅浮雕装饰为主，相当繁缛和规整，腹及底部一般饰绳纹。白陶是该遗址的一大亮点，不仅数量众多，而且装饰精美。器类常见圈足类（盘、簋、碗、杯等）和罐类（多折肩），刻划、篦点、戳印是其主要装饰风格，"凤鸟""太阳""神面"及其他极为复杂的几何形纹样是其构图主题（图43）。

湘江流域这类遗存的陶器纹饰图像风格显然受到了高庙文化的影响，这类遗存在经济形态和生聚方式上或许也与高庙文化类似，而与占据湘江下游和洞庭湖区以稻作农业为主的皂市下层文化存在明显差别，因此，有学者将大塘、千家坪一类遗存划入高庙文化的一个地方类型。

贺刚将大塘、千家坪一类遗存划为高庙文化大塘类型，认为该类型的釜、高领罐、碗、圈足盘、钵等与高庙文化的风格较为一致。该类型陶器上的戳印篦点纹装饰及其图像与高庙文化一致。高庙文化中独具特征性的文化符号，如兽面獠牙、太阳、凤鸟和山形图像在此类遗存中盛行[①]。

是否要将大塘、千家坪这类遗存划入高庙文化，并不是需要重点讨论的问题，对于考古学文化的认知也因研究者的主观感觉不同而不同，划分考古学文化的标准也不尽相同。但无论怎样，大塘、千家坪一类的遗存受到高庙文化的明显影响却是不争的事实。这说明高庙文化对外传播具有明确的指向，这个指向就是南方。循着这个线索，可以发现高庙文化的南传不仅是到了湘江中上游，还越过了南岭，在岭南的大地上生根开花。

---

① 贺刚：《湘西史前遗存与中国古史传说》，岳麓书社，2013年，第127—133页。

从目前掌握的线索来看，高庙文化的南传有两条线路：一条是从沅水、资水的上游及其支流，经湖南通道、城步与广西龙胜、资源进入桂江上游；另一条是沿湘江及其支流进入南岭，到达北江流域。

广西平乐纱帽山遗址也发现了高庙文化因素的陶片。

纱帽山遗址发现的陶器以夹细砂灰陶、灰黑胎为主，少量夹细小蚌壳粉粒，主题纹饰为戳印篦点纹，其次为绳纹，有少量刻划纹、条带纹、篮纹，戳印篦点纹制作技术复杂，呈浮雕式，见有少量变形鸟纹。制作技术均为泥片捏筑，出现慢轮修整，器壁厚薄均匀，火候较高且硬，器类均为圈底和圈足。根据比较，初步判断其器形当属于罐、盘类，其中装饰戳印篦点纹盘比较有特色。该遗址的主体文化特征与高庙文化存在密切关系，二者的陶器均以罐和戳印篦点纹圈足盘为主，高庙文化陶器纹饰复杂多样，纱帽山主要是戳印篦点纹，也见少量刻划纹和条带纹。其戳印篦点纹特征与高庙文化中晚期类似，而纱帽山所见的鸟纹则属于高庙文化重要特征之一[①]（图44）。

高庙文化在南岭生根开花的另一证据是珠江三角洲以深圳咸头岭遗址为代表的一类遗存中发现了高庙文化因素，包括深圳咸头岭遗址、麒麟山庄果场、盐田港东山，东莞万福庵，高要蚬壳洲，香港龙鼓洲等遗址。咸头岭遗址出土的早期遗存陶器以敞口短颈球腹釜、敞口垂腹罐、尊形圈足杯、敛口圈足盘和深腹碗等为代表，其中的尊形圈足杯、敛口圈足盘和圈足碗等多为白陶，绝大部分釜、罐类器物的腹部皆饰绳纹，颈部或戳印篦点纹，这些器物的器形与高庙文化遗存中的同类器基本相同。尊形圈足杯和敛口圈足盘等器物的外壁上分别装饰有用戳印篦点纹组合成的獠牙和凤鸟图案，与高庙文化所见同类图案极为相似。从咸头岭早期遗存典型陶器与高庙文化陶器的比较可以看出，咸头岭遗存中大多数陶器的造型都来源于高庙文化。咸头岭白陶上所装饰的一些复杂精细的戳印纹、敞口圈足盘和敛口圈足盘等都可以从高庙文化上找到同类因素（图45）。有论者据此认为咸头岭一类遗存属于高庙文化的一个地方类型——咸头岭类型。但主流观点认为咸头岭一类遗存可以单独命名为咸头岭文化，在其产生与发展过程中，不仅受到广西境内一些考古学文化的影响，还受到了湖南境内一些考古学文化的影响，但是它却是在本地发展起来的一支独立的考古学文化。

咸头岭一类遗存是否是高庙文化的地方类型，或者只是受到高庙文化影响的珠

---

① 何安益等：《广西平乐县纱帽山遗址的初步认识》，《史前研究2010》，广西科学技术出版社，2011年。

第四章　浪漫神秘　众妙之门——高庙文化引发史前中国第一次艺术浪潮

图44　纱帽山遗址出土陶片

图45　咸头岭遗址出土陶器

江三角洲地区独立的考古学文化，同样涉及对于考古学文化及其因素的认识和划分标准问题。暂且不论其文化属性，珠江三角洲的咸头岭一类遗存显然是受到了高庙文化的强烈影响，这已是学界的共识。

另外，高庙文化的某些因素也见于长江下游的史前文化中，比如跨湖桥文化中也有太阳纹，其他彩绘的装饰也有类似者。因此，高庙文化也成为南方彩陶的发源地之一。高庙文化的凤鸟载日或绕日艺术题材，见于浙江余姚河姆渡遗址，也见于江苏淮安黄岗遗址，凤鸟绕日题材还在后来延续到其他载体上，成都金沙遗址那件著名的太阳鸟，或与此类题材也有关系（图46）。类似高庙文化的白陶，在长江下游地区的湖北黄梅塞墩、江西靖安老虎墩、新余拾年山，安徽繁昌缪墩、定远侯家寨、怀远双古堆，江苏淮安黄岗、溧阳神墩，浙江桐乡罗家角等遗址也多有发现。白陶向北传播还出现于汉中地区的南郑龙岗寺遗址、关中临潼零口遗址，向西则进入沅水上游的贵州天柱一带。白陶的分布和传播几乎辐射了大半个中国（图47）。

高庙文化的白陶及陶器上的纹饰图像的向外传播，被称为史前第一次艺术浪潮，引领了东方的艺术创造，成为史前中国精神与信仰的源头之一。考古学家王仁湘指出，中国史前艺术浪潮一共有三次：分别是以高庙文化为代表的白陶；以庙底沟文化为代表的彩陶；以红山—良渚文化为代表的玉器。三次艺术浪潮从发源地向四周传播，造成了史前艺术和文化上的极大震荡，改变了以前人们对于史前艺术的认知。三次艺术浪潮的背后，是文化和思想上的大变革，给后世留下了巨大的文化遗产。

王仁湘：

艺术在史前是信仰，是飘扬的旗帜。艺术浪潮是人造了神，而且是在史前的时代就造出了神。人类之所以是人类，非常重要的一个方面，是因为拥有信仰，拥有与信仰相关的艺术。它是一种灵魂艺术，明确地说是造神艺术。史前人们画出来的图像是他们要表现的神灵偶像，通过白陶、彩陶和玉器三种器物表达自己的信仰。因此，史前出现过的三次艺术浪潮，这三次浪潮具有共同的主题，都是在造神运动中涌起的浪潮，而且是非常成熟的艺术。认知这三次艺术浪潮是随着考古发现资料的积累，逐渐深化和清晰起来的。艺术是在信仰中升华，在不断提升的艺术自身中发展。史前时代留下了数不胜数的艺术品，这些艺术品记录了那个时代先人们的精神追求。白陶为第一次艺术浪潮，白陶发现得比彩陶和玉器晚，但是它本身存在的年代早于彩陶和玉器，早到将近距今8000年前，主要是在江南一线，集中发现在湖南。湖南早期新石器文化当中，白陶有很多纹饰图像，不是用彩绘的方式，而是用

第四章 浪漫神秘 众妙之门——高庙文化引发史前中国第一次艺术浪潮 063

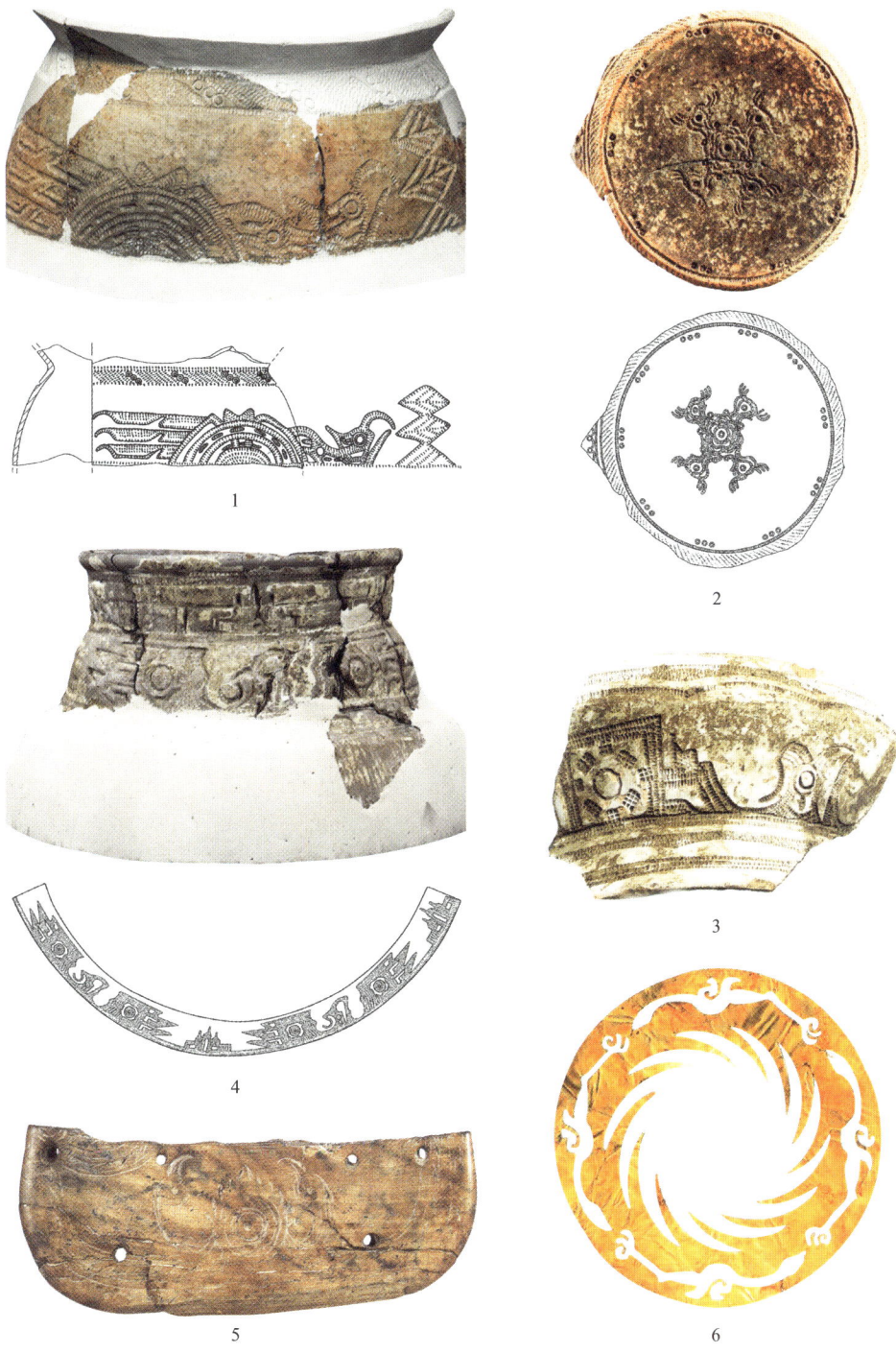

图46 各地出土的太阳神鸟

1.洪江高庙遗址 2.泸溪下湾遗址 3.淮安黄岗遗址 4.桂阳千家坪遗址 5.余姚河姆渡遗址 6.成都金沙遗址

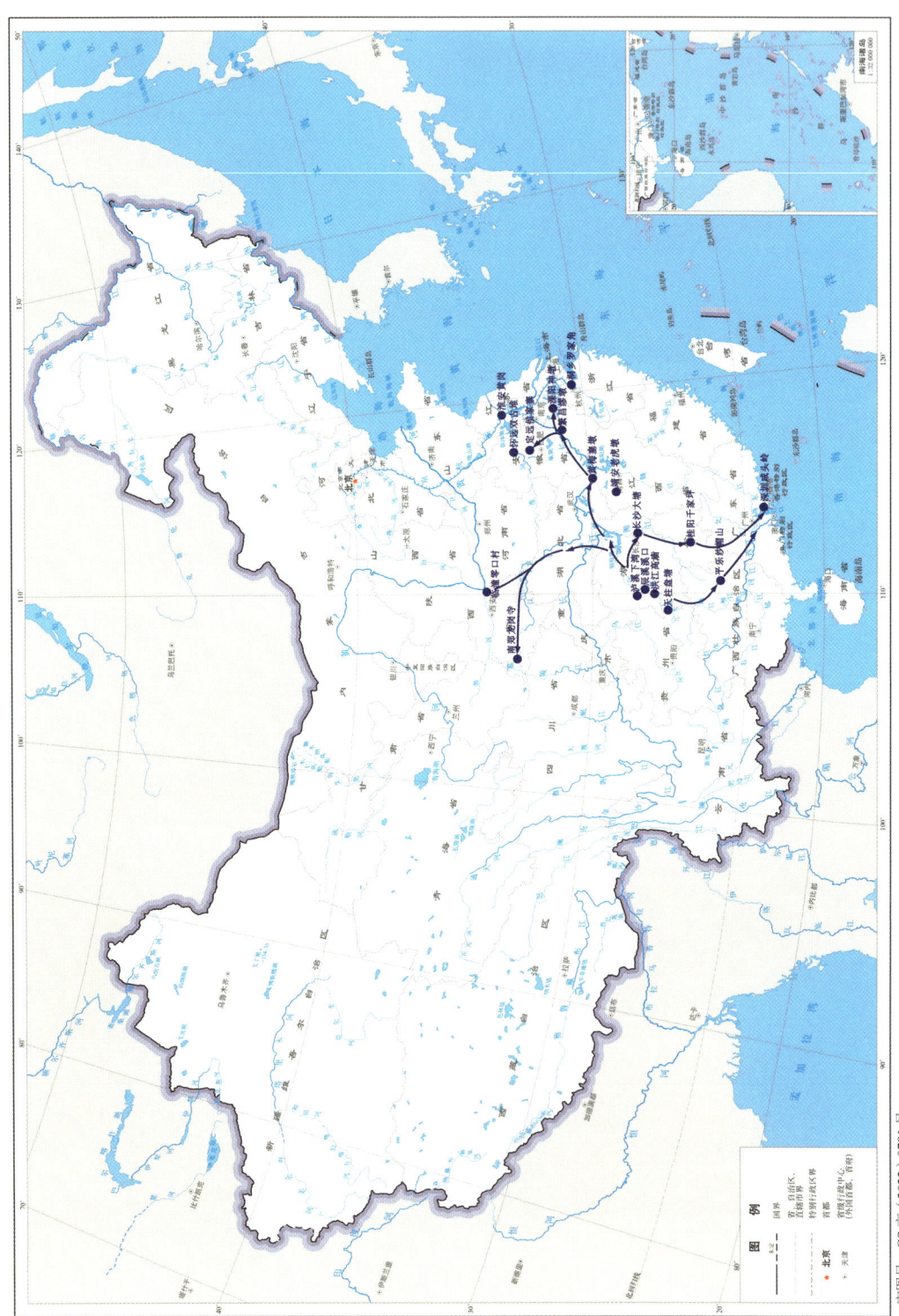

篦点压印的方式来表现。一直到岭南，包括深圳一线，都有这样的白陶发现，在浙江也有零星发现，应该是受到长江中游的影响，这是非常值得关注的发现。

近距离观察和接触湖南出土的白陶，感受到一种震撼的美感。白陶是用篦点压印出来的图案，美得无以复加，也神秘得无以复加。白陶上的构图可以这么来形容：那么抽象的元素，那样时尚的表达，那么隐晦的意向，那么细腻的制作，这是意料之外的灵魂艺术。白陶的解读还没有真正开始，也许要由研究者与陶工灵魂沟通的程度来决定你能否解读通透①（图48）。

高庙文化对于后世中国精神文化与宗教信仰有极大的影响：八角星图像、太阳纹等可视为史前宇宙观的表达，天圆地方、日月星辰、阴阳轮回等后来的观念均可从中找到某些线索；兽面獠牙图像是某种宗教信仰的表达，这种图像在后来的良渚文化、夏商周三代中均有存在，甚至现代还以傩面的形式保留在中国一些乡村的民间信仰和艺术图像中；凤鸟及凤鸟载日在河姆渡文化、良渚文化、大汶口文化、三星堆文化中一直流行，在夏商周的部族神话和祖先记忆中也多有呈现，也是楚国艺术、汉代帛画与石刻艺术的母题。由凤鸟和兽面演化而来的龙凤艺术成为后世中国精神文化的重要组成部分。

高庙文化是中国新石器时代文化中的一道天光，照亮了幽暗的史前丛林。种种

图48
考古学家王仁湘在做史前白陶的演讲（萧山跨湖桥，2018）

---

① 王仁湘：《人神之间：史前中国造神运动中的三次艺术浪潮》，《爱考古》微信公众号。

迹象表明，白陶是史前湖南的一大创造，它产生于远离江湖平原的河谷山川，那里充满了神秘的色彩和浪漫情调。白陶隐于深山又大白于天下，对中华远古文化产生了不小影响，无愧于中国史前社会第一次艺术浪潮的美誉。

高庙文化白陶的图像纹饰，与其说是特定环境下的产物，毋宁说是古人精神意识的表达，白陶的纹饰，显然不是简单的装饰艺术，而应具有象征意义，其所传达的是信仰和精神观念。白陶纹饰所涉及的题材，无非是天地万物，其所表达的旨趣，无非是万物皆可沟通。仔细观察以高庙文化为代表的湖南史前白陶纹饰图像的内容，多以自然界大千世界为归依：从动物而言，是鸟兽鱼虫；从植物而言，是树叶花草；从上天而言，是日月星辰、风雨云气；从大地而言，是水土山川。这一切，似都在白陶图像的表达之中。或许，在当时人们的精神世界里，人可以与天地万物同构，其意识形态的层面似乎还未脱离万物有灵的多神崇拜，可谓巫风遍地。高庙文化之后，纵观距今6000年左近及其以前，中华大地各区域文化都有自己的精神文化传统，这些传统大致可以从当时的相关陶器图像上得到体现，这些图像或为彩绘，或为刻划戳印。归结起来，有南北二元：北方在精灵崇拜方面多为花草鱼虫，南方则多为日月鸟兽。因此，在南方长江流域各地，太阳、鸟和兽面往往被提倡，北方黄河流域则对鱼虫和花草青睐有加。发展到后来的新石器时代晚期和末期，情况就有明显的变化，良渚及龙山时代，多神崇拜渐渐消散，崇拜的神灵有单一化的趋势，南北二元也开始合流。于是，鱼虫和兽面开始结合演化为龙，鸟的形态演化为凤，花草则演化为牡丹或玫瑰花瓣。日月天地云气则演化为阴阳五行。这些中国最基本的宇宙观，均可以在古老的新石器文化中找到根源，并与高庙文化白陶所表达的图像意蕴多有相似之处。

二、社会复杂化进程加速——汤家岗文化勇立潮头

距今7000年前后，湖南地区的史前文化格局酝酿着变化，分布于洞庭湖平原地区的皂市下层文化与分布于河谷山区的高庙文化的交流与互动频繁，两种不同经济形态已经建立了不可分割的联系，原来的区域差渐趋同一，直接促成了新格局的产生。

洞庭湖区距今7000年以后，继皂市下层文化而来的是汤家岗文化，它是以安乡汤家岗遗址作为典型遗址来命名的（图49）。学术界对于汤家岗文化的认识，经历了一个过程。三十年多年前的考古发掘已经将其发现，但却没有辨认出来。当时只知道长江中游的新石器时代文化有大溪文化、屈家岭文化、湖北龙山文化（石家河文化），大溪文化之前有什么，并不清楚。20世纪80年代，随着一系列

第四章　浪漫神秘　众妙之门——高庙文化引发史前中国第一次艺术浪潮　｜　067

图49　汤家岗遗址（右上马头墙水泥建筑为发掘现场保护棚）

新遗址的发掘，发现了比大溪文化更早的新石器文化，随着研究的进展，需要对这些文化遗存进行命名，建立年代序列和文化分期。于是，长江中游新石器时代考古学文化的年代框架才逐渐得到填补和完善，汤家岗文化的面貌也是在这个阶段逐渐得以清晰。

汤家岗文化年代范围为距今7000—6300年，其分布地域是洞庭湖区。

发现与研究对于考古学来说，时间过程尤为重要。1978年发掘安乡汤家岗遗址，1979年发掘澧县丁家岗遗址，1986年发掘华容刘卜台遗址。上述三遗址的下层堆积都表现出与上部大溪文化堆积性质颇不一样的文化特点。但当时遗址的发掘者和研究者并未将其从大溪文化体系中剥离出来，仍将其归入大溪文化系列。后来，南县新湖、澧县城头山遗址的发掘，以及安乡划城岗遗址第二次发掘，汤家岗遗址第二、三次发掘，又陆续发现了与丁家岗、汤家岗下层堆积相似的此类遗存。这类遗存表现出与大溪文化不同的文化特征，因此受到学术界的高度关注，汤家岗文化的研究也随着这些考古发掘与整理而逐渐成熟起来。最先注意到长江中游以汤家岗、丁家岗下层为代表的一类遗存与大溪文化有区别的是湖南文物考古研究所的何介钧先生，他在1982年发表的文章中指出，大溪文化一、二期之间，既有连续性，又有一系列显著的区别。他认为，一期遗存是大溪文化的最早期，但大溪文化的一些特征性因素有好些在这类遗存中尚未具备，因而有可能认作其是与大溪文化有别,且比大溪文化更早的一类原始文化遗存。并预测随着发掘资料的日益丰富,极有可能独立为一种新的文化。1995年在长沙召开的"长江中游史前文化暨第二届亚洲文明学术讨论会"上,笔者提交的论文中提出了"汤家岗一期文化"的命名,并对该文化的特征、相对年代及其与大溪文化的关系进行了考察。该文所谓的"汤家岗一期文化",实则是汤家岗文化的另一个称呼和暂时命名。不久,笔者即撰文正式将其改称为汤家岗文化。2007年,尹检顺发表文章,从陶器特征、墓地及墓葬制度、聚落形态等方面对汤家岗文化进行了全面研究。从汤家岗文化遗存的发掘到名称的提出,再到对其文化性质的认识,实际上是长江中游新石器文化研究的一个重要转折,不单从考古学文化的陶器特征方面,更是对考古学文化的性质特征研究过渡到文化谱系、聚落结构和社会形态研究的一个学术认知进程。

汤家岗文化陶器形态以釜、圈足盘为大宗,次为碗、钵,有少量的支座、器盖、双耳罐。纹饰是汤家岗文化最具特征性的,以绳纹和戳印篦点纹最多,此外,还有附加堆纹、锯齿纹、瓦楞纹、痂瘰纹、指甲纹、弦纹、刻划纹等。多数是复合装饰,单一纹饰很少,而且均经过了数道工序。比如戳印篦点纹,先是在器表涂抹陶衣,然后压印出大的轮廓,再在纹饰轮廓和框架内实施刻划和戳印。在施主纹时还对器表的空间进行周密划分,在纹饰结构上讲究对称和分区,在每个分区内戳印细密的篦点纹、指甲纹等,再由这些纹饰构成复杂的类似浮雕性质的几何形图案。作为印纹,有多种形式,既有戳印,也有拍印和压印。汤家岗文化所具有的特点,使其可以与皂市下层文化明显相区别,其泥质酱褐色胎黑皮陶和细砂白陶是最重要的特征,另外,复杂的印纹装饰也具有明显的时代风格。陶器的装饰重点为圈足盘和圈足碗,重点装饰部位是在器壁。筒形釜和凹沿釜虽然还继承皂市下层文化以器物上腹部为装饰重点的传统,但无论数量、种类,还是纹饰组合的密集程度,都大不如前。皂市下层文化最流行的大圈足盘、大双耳罐、高领罐、支座,无论器形还是装饰风格,都很少见或不见于汤家岗文化。汤家岗文化最具特征性的器物——印纹圈足盘和篦点纹碗均不见于皂市下层文化。另外,汤家岗文化最具魅力的印纹白陶,虽然在皂市下层文化中有白陶的成分,却很难从其中寻找到明显的发展脉络(图50)。

尹检顺专门撰文讨论了汤家岗文化的特征和来源,他从更大的文化背景去考察汤家岗文化,明确指出汤家岗文化的形成除了承袭本地区传统文化因素外,一方面是通过文化自身的创新,另一方面则是接受了高庙文化的强烈影响及催化作用。过去学术界一般认为,汤家岗文化是直接由本地皂市下层文化发展演变而来的,现在

图50 汤家岗文化出土陶器及其纹饰

看来,这种文化单线演变模式无法解释汤家岗文化的全部文化内涵。汤家岗文化是在洞庭湖地区深厚的文化底蕴的基础上,通过吸收邻近地区强势文化——高庙文化的影响及文化自身的创新,最终形成了一支独具特征的考古学文化,并对周邻同时期文化产生深远影响。

距今7000—6300年是中国史前历史上一个非常重要的时期,它处在文化大整合的前夜,自身又酝酿着重大变革,为迎接一个新的千年时代的到来积淀着物质和精神力量。后来很多重要的社会复杂化迹象,就产生于这个时期。

以汤家岗文化为例,在物质文化上,已然超越前一个时期。聚落的营建比以前更加讲究，可以明确看到，汤家岗文化时期的壕沟与土墙构成了环壕聚落的基本特征，城头山、汤家岗遗址的考古发掘都明确发掘出了这个时期的壕沟与土墙，其规模和力度已远超前期。汤家岗文化在稻作农业上有了新气象——稻田出现了!

城头山水稻田：

  水稻田一共发现二丘，被三条田埂所分割。稻田似可分层，上层年代为大溪文化一期；下层才是汤家岗文化时期。这个判断是建立在加速器测年的基础上的。香港大学对稻田上层的2个炭样进行了测试，校正后的年代为4320—4055BC和4230—3895BC。下层则用光释光测试了2个泥土标本，数据均为距今6629±896年。上层的稻田呈西北—东南走向，稻田西边是一道长约40米的土埂。报告对田埂的结构和尺寸均无交待，从线图上可测得田埂宽度在1米以上，高度0.2米。在这道田埂的东边距离4.6—5米处，又有一条平行田埂，在这条田埂之东约2.5米处，是第三条平行的田埂。东边的这两条田埂因被早期城墙所叠压，长度未知。西边的田埂之所以有长度数据，是因为在其两端均发现了拐弯。对稻田上的水稻硅酸体观察显示，这里有着极为丰富的水稻信息，单位面积水稻硅酸体的含量甚至高于现代稻田。

  城头山汤家岗文化时期的水稻田有明显的稻田形状，田埂和稻田面均通过考古发掘揭示出来。稻田土具有典型特点：青灰色静水沉积，具较强黏性，表层平整，具龟裂纹特征。从局部所开小探沟的剖面观察，还能看到稻根的根须。在稻田西侧高出稻田的地面上，还开挖了用于灌溉的沟渠和储水坑。这些均能作为水稻田存在的重要证据，这个证据链显示了它作为水稻田存在的合理性（图51）。

  城头山汤家岗文化水稻田是目前中国发现的年代最早的水稻田之一，它与江苏吴县草鞋山遗址发现的水稻田代表了长江流域最早的两种不同形态的稻田，暗示其生产和耕作、灌溉方式不一样。相比之下，城头山这种稻田更接近现代稻田，因此更显先进性。如此先进的稻田耕作方式和稻作农业为社会的发展提供了强大的物质基础，从而促进生产力发展的最重要因素——人口的增加。

  汤家岗文化村落所分布的范围，则又较皂市下层文化时期有了进一步扩大，这说明该时期人口有了明显增加。从考古发掘的情况来看，单个村落的整体范围都比原来有明确扩大，村落内的布局、空间功能的划分也较原来更加明确。

  社会分化与精神文化上的祭祀信仰，从一些考古迹象上也可以找到证据。此时，开始出现专门为随葬而烧制的陶器，墓地的排序也反映着生前社会角色的差异。从高庙文化那里继承下来的精神信仰成为汤家岗文化人们倚重的意识形态。

图51 汤家岗文化水稻田

因此,在很多器物上面,如白陶及陶器上的纹饰图像还保留着高庙文化的传统风格,高庙文化的祭祀系统和宇宙观也一并被保留下来。

澧县丁家岗遗址发现陶窑,说明陶器烧制技术有了明显进步,是否已经出现专门制陶的团体,目前证据还不充分。丁家岗遗址还发现一批特殊的圆形和方形土坑,这种土坑的直径或长、宽接近100厘米,有的还达到150厘米,深度多在50—100厘米。坑内有的填红烧土,有的埋石器和陶器、兽骨。有的坑内还分层填埋大量兽骨和碎陶器,其中一个直径达120厘米的圆形土坑,填埋的遗物就有6层:第1层有石斧和砺石;第2层有陶釜、白陶片、陶支座和羊齿;第3层有陶釜、陶支座和兽骨若干;第4层有陶釜、陶钵、陶支座和大量的动物骨骼,可辨认的有鹿骨、牛肩胛骨及鹿牙等;第5层有陶釜、陶钵和兽骨;第6层有陶釜、陶钵、兽骨和较多红烧土。这种情况不在少数,而是普遍见于大多数坑状堆积中,并紧紧围绕墓葬附近分布。发掘者根据这种现象,分析这批坑状遗迹的形成应与某种祭祀有关,这批坑也可以判断为祭祀坑。因为作为一般的垃圾坑,首先,在坑的形态上不会如此一致和考究;其次,坑内的填埋不会如此层次分明;再次,这批坑状遗迹并不在房子附近,而是位于墓地旁。根据这些现象,认为这批坑状遗迹可能与丧葬仪式和活动有关,因此,推定为祭祀坑是有一定道理的(图52)。

汤家岗遗址在壕沟内侧护坡堆积内发现2具不同个体的头骨残骸,或许与壕沟

图52　丁家岗遗址发现祭祀坑

修筑过程中进行的某种祭祀活动有关。

　　社会复杂化进程加速的证据可从汤家岗墓地看出一些端倪，汤家岗遗址墓地位于居住区的西部，墓地的布局明显有过规划，从墓葬分布情况来看，墓地可以分为南北两个墓区，墓区之间有明显的空间分隔。南区与北区墓葬的随葬品有明显差别，主要表现在随葬品的多少及印纹白（白衣）陶盘的有无和数量多寡上。南区57座墓中，绝对大数墓葬只随葬普通陶器2—4件，只有2座墓随葬白（白衣）陶盘、1座墓随葬白衣红陶盘。北区的45座墓，随葬陶器在10件以上或白（白衣）陶盘1件以上的墓有6座、随葬陶器5—10件或1件白（白衣）陶盘的墓有21座、随葬5件以下并且无白（白衣）陶盘的墓有18座。如此看来，北区墓葬的等级要明显高于南区。同时，南北墓区内部的墓葬还有分组，且每组墓葬按一定的秩序排列。墓地、墓区、墓组、墓列构成了明显的墓地结构。从上述情况来看，汤家岗村落从整体上可能存在两个不同成分的人群，有了一定的贫富分化，这种分化或许是以家族来划分的。村落如果作为一个人群共同体，则在这个共同体内或许由两个有明确血缘关系的家族所组成，这两个家族各自具有清楚的血缘关系，虽然还不能通婚，但是血缘已经较为疏远。两个家族在财富和地位上已经产生了一定的差别，而这种差别在墓葬上得到了反映（图53）。

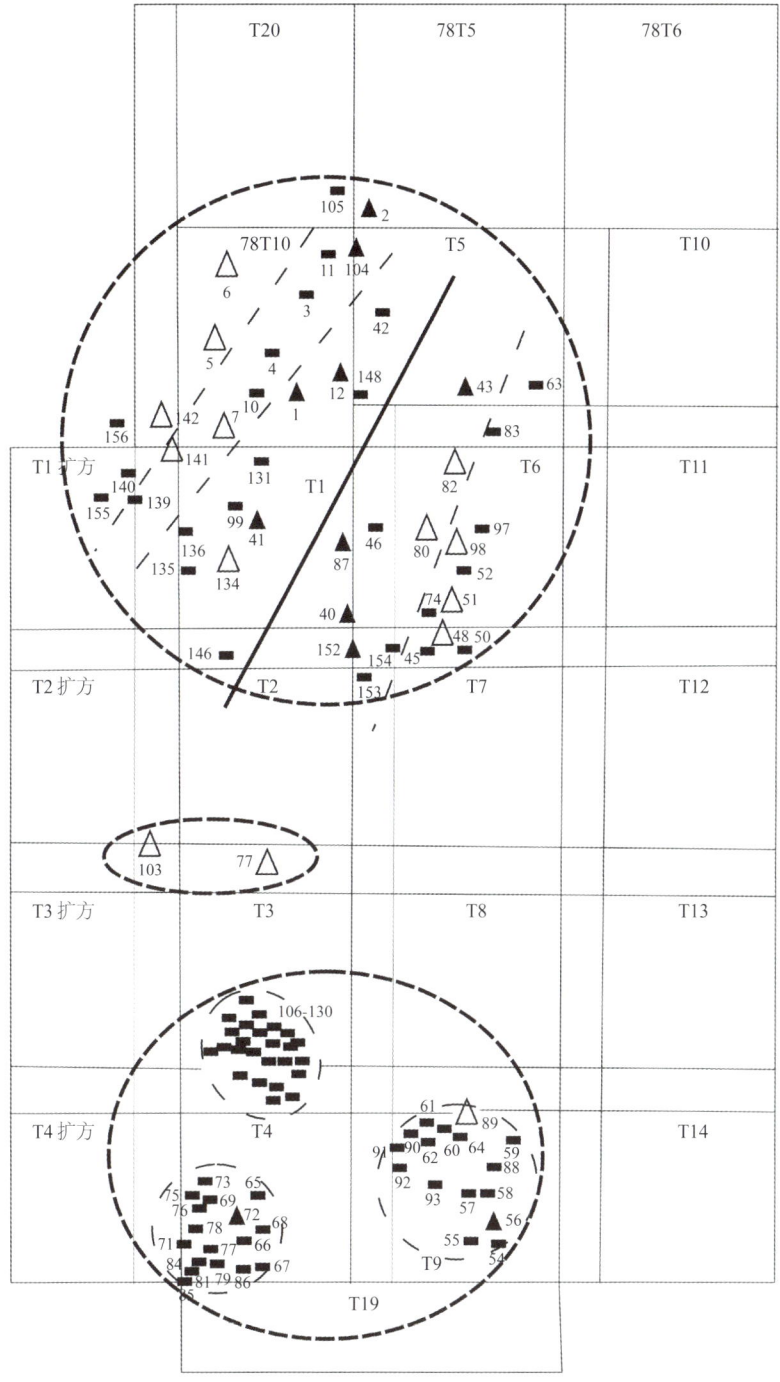

图53 汤家岗遗址墓地分布图

▲ 随葬白陶盘墓　△ 随葬白衣红陶盘墓

汤家岗文化时期，洞庭湖区成为长江中游最发达的地区，汤家岗文化继承了这里古老的文化传统，又通过吸收高庙文化的先进成分，这种文化的吸收、融合、传承与创新使得汤家岗文化有了旺盛的生命力，汤家岗文化举着皂市下层文化和高庙文化两杆大旗，不仅走到了长江中游的舞台中央，也将触角伸向远方。

汤家岗文化向沅水中游渗透，并促成高庙文化向松溪口文化的转变；向长江沿岸渗透，并沿长江水路进入峡区，在秭归柳林溪等参与了当地的文化变迁，成为柳林溪文化的组成部分。汤家岗文化还继续着高庙文化的南传之路，进入岭南和珠江三角洲，继续带来白陶、彩陶与圈足盘，也继续传播着纹饰图像上的压印、篦点传统。向东，则沿长江而下，在赣北地区盘桓，再一路东去，深入江浙水乡，在不少地方留下火种。

第五章 万城之城 稻作文明
——城头山城址与大溪文化

> 国之所在，必筑城居之。
> ——《毛诗正义》
>
> 筑城以卫君，
> 造郭以守民，
> 此城郭之始也。
> ——《吴越春秋》

一、中国史前第一座城横空出世

澧阳平原从旧石器时代到新石器时代数十万年的文化演进，经济社会发展与积累，到距今6300年前后，终于筑起一座城——澧县城头山，这是学术界公认目前中国发现得最早的城。

透过历史的烟云，我们看到澧阳平原生生不息的史前人类从虎爪山一路走来，其生存之所不断改进：从游群的营地走向环壕聚落，从环壕聚落走向城池。我们的祖先披荆斩棘、筚路蓝缕，从山间走到平原，从洞穴走到旷野，扎下根来筑巢而居，抟土造陶，开荒拓地，由渔猎采集者向种田的农人过渡，走完这个过程极其漫长而艰辛。每前进一步都得付出巨大的代价，历史的车轮在时间泥泞中缓缓前行。

城头山史前古城在澧阳平原新石器文化的土壤里横空出世，无疑有着深厚的自然和文化背景。从自然环境而言，人类生存离不开适宜的环境，人类的发展更需要支撑人口增长的土地和资源。早期人类社会从简单到复杂，其发展的经济基础是农业，农业发展又离不开特定的环境。就世界范围而言，最早诞生的文明都是农业文明，都崛起于大河平原之上，两河流域的苏美尔文明，尼罗河流域的古埃及文明，印度河流域的哈拉帕文明，都是如此。大河平原冲积出广阔而肥沃的土壤，河网交织，气候温暖湿润，源源不断提供各种资源，最适宜人类生存与繁衍，文明就是在这样的环境里诞生的。就文化背景而言，文明不可能来自文化荒原，而应该具有深厚的文化基础，需要连续稳定的文化积淀。知识的积累促进生产技术不断提升，人文精神的培育亦不断开启民智，丰富人们的精神意识，这两方面相辅相成，促进社会关系的复杂和社会组织能力的提升，这是文明化进程的必由之路。

澧阳平原土地肥沃，河网密布、气候适宜，文化的发展连续且稳定。新石器时代以来，彭头山文化就产生了环壕聚落，开始了稻作农业。皂市下层文化时期生产力和生产关系有了进一步提高，汤家岗文化则在以前的基础上获得大规模发展，它的环壕聚落规模有了扩大，聚落空间有了明晰的布局和设计。在精神文化上，汤家岗文化时期的人们继承了高庙文化的遗产，并将其进一步规范，它的八角星太阳、兽面獠牙图像日臻完善，白陶上的纹饰都已经具有某种既定的程式与风格，且更加抽象。从某种意义上说，抽象化即复杂化。汤家岗文化时期的社会已经出现了明显分化，出现一系列祭祀遗存，复杂的墓地布局和空间区隔等均是其社会分化的证据。

所有这一切，都预示着一个新的更加复杂社会的到来，大溪文化城头山古城就是在这样的背景下出现的。

在澧阳平原，大溪文化是从汤家岗文化的土壤里诞生出来的，从考古学文化的角度划分这两个文化还真有一定的难度，多处遗址发掘的材料显示汤家岗文化与大溪文化之间有着千丝万缕的联系，很多陶器都保持相似的特征。当然，一些特定的因素还是能将其分开的，比如陶釜、陶碗的形态和器表上的纹饰。大溪文化不再以戳印篦点的纹饰为主，而是以酱褐、红衣素面、细绳纹等为主。汤家岗文化时期极为盛行的繁缛纹饰的圈足盘，在大溪文化早期却急剧减少，这些就是将两个文化进行区分的主要证据。只有细致入微地观察，才能发现其中的堂奥（图54）。

大溪文化早期陶器特点：

以城头山遗址为例，整体说来，大溪文化一期陶器以夹砂陶为主，次为泥质、粗泥和夹炭陶，也有极少数的夹蚌陶。在泥质陶中，酱黑陶的比例较大，其次为红陶和黑陶，有少量橙黄陶和白陶，其他质地的陶器以红陶为主，次为褐陶。器物表面的装饰，黑陶和酱黑陶多素面，红陶则大多数有深红色陶衣，有的还在红衣上彩绘。彩绘有黑彩和深红两种，多施于罐的口沿和颈、肩部位。纹饰有绳纹、瓦楞纹、篦点纹、刻划纹、戳印纹、压印纹、锯齿纹、附加堆纹、镂孔等，但并不普遍，仅见于少部分器物上。在器物种类上以圜底器和圈足器为大宗，有釜、罐、盘、碗、盆、钵，器座和支座的数量均很少。在形态上，釜为宽内折沿，沿面均内凹，大多数釜的最大腹径偏下，呈垂腹。罐以曲沿为主要特征，流行彩陶曲沿罐。钵则多数以折腹圜底的形态出现（图55）。

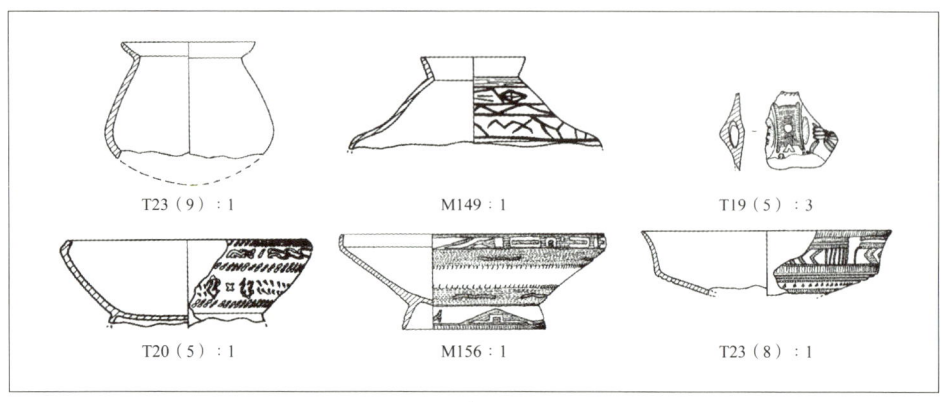

图54 汤家岗文化与大溪文化一期出土陶器
1. 汤家岗文化陶器　2. 大溪文化陶器

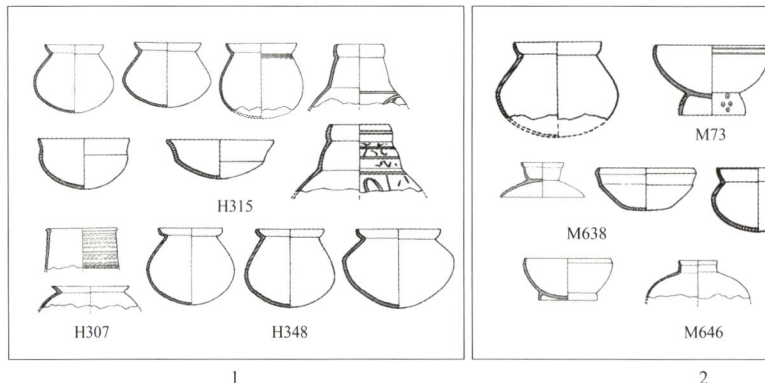

图55 城头山遗址出土大溪文化一期陶器
1. 日常生活用品　2. 墓葬随葬品

大溪文化和汤家岗文化之最大区别还在于新的社会组织和新的聚落形态出现，其最明显的标志便是城头山城池的修建。

城头山的城池出现之前，这个地方已经居住着汤家岗文化的人们，这里也是澧阳平原发展得最好的环壕聚落。前述汤家岗文化和大溪文化之间的演变并非人群的变化，也不是暴风骤雨式的改朝换代，而是历史发展的必然结果。换言之，城头山由土围环壕发展到城池，是这个地方自然发展的过程。为什么会有这种变化，或者说为什么这里的人们要建一座城，则是需要认真分析的。

由于没有任何文字记载这座城池出现的前因后果，只能从考古发掘的证据去加以分析判断。好在城头山遗址经过了十多次考古发掘，相关的材料很丰富。从考古证据得知，汤家岗文化时期，城头山是一处环壕聚落，其聚落面积已接近50000平方米，这在当时的澧阳平原是面积最大的。城头山汤家岗文化的环壕聚落显然也不是一天建成的，从发掘情况看，城头山汤家岗文化遗存可以分为两期，大致涵盖了汤家岗文化的整个时间阶段，意味着城头山汤家岗文化有着数百年的发展过程，其环壕也应该是由一般村落发展而来的。从城东北的发掘情况来看，壕沟的宽度在10米以上，沟内侧有一道高数十厘米的土埂。南部也发现了这样的壕沟，钻探的结果也显示这条壕沟是贯通的，则城头山作为环壕聚落的存在是确凿无疑的。

环壕聚落时期的城头山到底发生了什么，是什么原因促使这个聚落发展出城池？文化与自然背景的考察对于讨论这个问题或许有帮助。从相关证据来看，城头山环壕聚落所在的地方，是靠近澧阳平原西部山前的平原地带，这里原是一处略低缓的丘岗，西边有河流及其支流形成小的水系，北、东、南三面则是平原，也有小水面的沼泽，这一带既靠近低洼的平原水乡，又有岗地利于居住，对于稻作农业而言是最理想的场所。另外，这一带也有不少村落，在大溪文化初期就形成了一个以城头山环壕聚落为中心的聚落集群，人口密度增加，社会生产力进步，社会复杂化进一步加剧，城头山即是在这种背景下由环壕聚落走向了城池。

城头山城池营建的考古学证据：

城头山东北部的考古发掘揭示了城池的营建过程。最初是在汤家岗文化时期的壕沟外开挖城壕。由于城墙、城壕及护城河的营建有多次行为，所以最初的这条城壕叫作一期城壕，开挖一期城壕的土就近堆筑在城壕的内侧。由于这条城壕要比原来汤家岗文化时期的壕沟宽，也比原来的要深，如此一来，这些土不仅将原来汤家岗时期的壕沟堆满，还堆出了一道墙，也就形成了与一期城壕对应的一期城墙。一期城壕口宽约12、底宽5.5、深2.2米，一期城墙顶宽5.2、底宽8、高1.6米。由这城墙与城壕合围起来的圆形城，面积约8万平方米，这就是中国最早的城的基本概貌，这被称为城头山古城一期。后来，城里居住的人越来越多，原有的城就不够用了，于是就把一期城壕填平，在其外围再挖一条城壕，成为二期城壕。开挖二期城壕的土同样堆筑在其内侧，形成二期城墙，这被称为城头山二期古城。再后来，二期古城使用一段时间以后，城内的人口又增多，又不够用了，城壕再次向外开挖，城墙再次堆筑。这样大规模的工程前后一共有四次，每一次工程，城墙和城壕的规模就相应扩大，城的面积规模也相应扩大。城池规模的扩大反映着与城对应的社会经济和文化进程，社会经济发展，城池也相应发展，其规模肯定是要扩大的。就某一城池的具体演变过程来看，有发生、发展、鼎盛、衰落、废弃等阶段，城池的兴衰见证着社会的变迁，是历史和人类文化进程的集中反映。城头山史前城址始筑于距今6300年的大溪文化早期，兴盛于距今5500年的油子岭文化早期，衰落于距今4500年的屈家岭文化晚期，废弃于距今4200年的石家河文化时期。自它废弃以后，就变成了一个普通村落，淹没于历史的尘埃之中。兀立于原野之中的高耸城墙，任凭六千年风吹雨打，仍顽强地保持着原有的形态[1]（图56）。

城头山城池的营建，说明当时社会复杂化进程已经发展到相当高的程度，众多的人口密集居住，城池的修建肯定不是由城头山一个聚落单独来完成，而是包括了周围附近众多聚落。据统计，以最终建成的城头山城池规模计算，需要动用劳动力47万人次，如果按照每天投入200个成人劳力，至少6至7年方可建成。这样的工程显然是需要一个强有力的组织系统来规划和管理的，社会复杂化程度就在这样的层面体现出来。

无法估计当时社会形态的具体细节，修筑城头山这样一座城池到底意味着什么？我们还没有这个能力对此做出准确回答。从城头山的选址来看，确实与古代中国建城立邦的思想非常吻合。《管子·乘马》曾说："凡立国都，非于大山之下，必于广川之上。高毋近旱而水用足，下毋近水而沟防省。因天材，就地利。"城头山城池不是建在大山之下的河谷山间——皂市遗址所处的那种环境就不会出现城池——而是建在澧阳平原的广川之上。建城的地方是一处低矮岗地，附近是古河水系与平地，便于稻作，近水而利于防洪。这样的选址是非常科学的，也反映了先民的智慧。对于稻作农业而言，农时节气之变非常关键，气候、温度、水文、土地，乃至洪涝涸旱等，都会对稻作农业生产带来巨大影响。相关的社会运

---

[1] 郭伟民：《城头山城墙壕沟、壕沟的营造及其所反映的聚落变迁》，《南方文物》2007年第2期。

第五章 万城之城 稻作文明——城头山城址与大溪文化 | 081

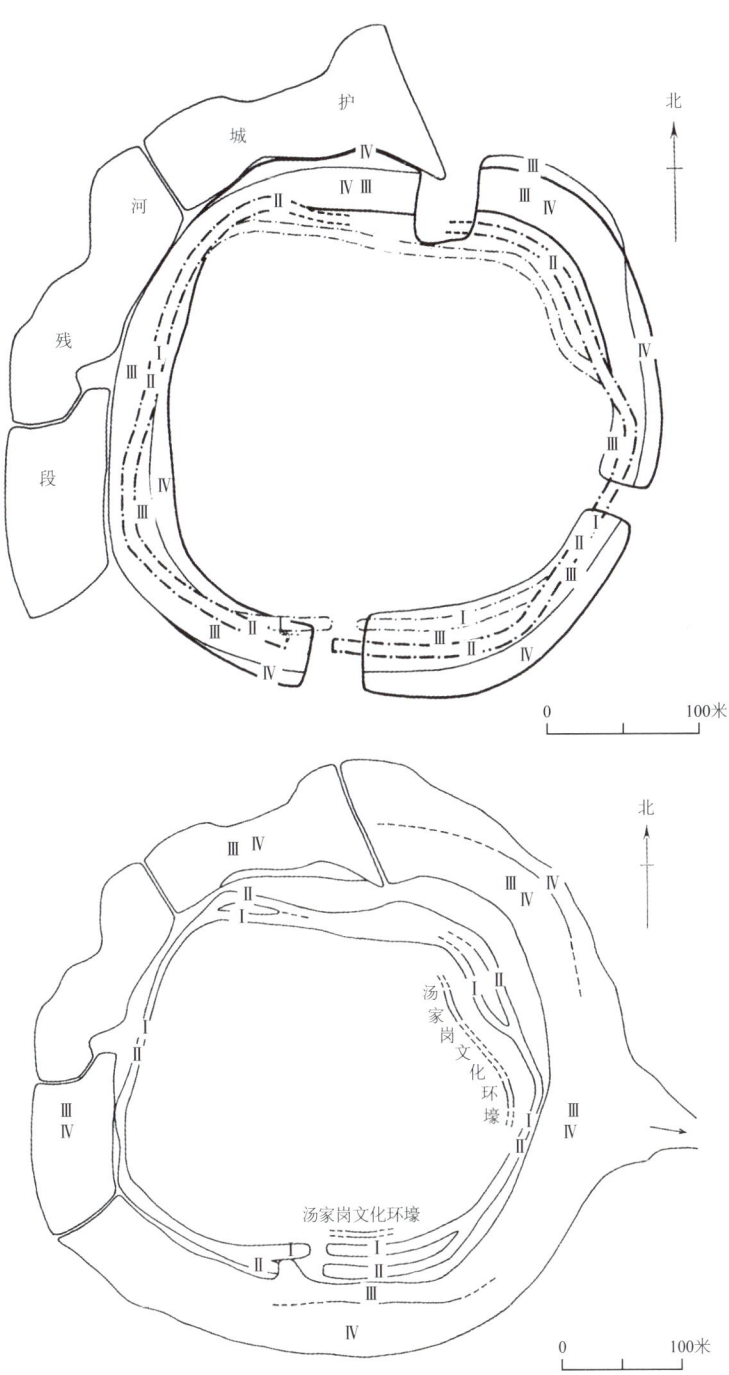

图56 城头山历次城墙、城壕变迁图

图57　城头山航拍图

作、生产力水平的适应、精神文化的发展,也与农业有莫大的关系。无论城头山城池的真实情况如何,稻作农业社会人们共同体的基础乃是起码的标准(图57)。

在谈到长江流域稻作文明对世界的影响这个问题上,国际学术界有一种颇有影响的观点认为,南岭乃至东南亚稻作农业是长江中游稻作文化南传的结果,分布于南太平洋及印度洋的南岛语族是源于长江中下游稻米文化和族群向外扩张的结果。洞庭湖平原是长江中游最早出现稻作农业的地方,洞庭湖平原史前遗址群提供了一种人与自然相互作用和发展的模式,呈现了稻米文明形态与东亚史前社会复杂化进程的基因密码。山前平原、水、稻米、人与社会的相互依存与进步,是这个史前遗址考古区作为文化遗产真实性与完整性的真实表达。

洞庭湖平原史前遗址群完整地见证了稻作农业起源与发展所导致的社会复杂化进程；它独立地通过自身的发展演示了早期文明发生的全过程。在这个过程中，人与自然的相互作用不仅促进了人类的发展，也促进了环境的变化。洞庭湖平原史前遗址群提供了关于史前人类文化，特别是稻作农业社会发展的一般性结论，并为国际社会理解全球多元文明进程提供了一种蓝图。

二、城头山和它的时代

若要了解城头山城池当时的社会，必须从更大的文化背景入手，这个文化就是大溪文化。

前述大溪文化从汤家岗文化发展演变而来，这个发展演变过程是温和的，是族群内部发生的变化，并不是一族对另一族的取代，没有发生暴力革命。由此，我们可将大溪文化的出现视作区域社会经济和文化长期持续发展的必然结果，至少在澧阳平原是这样的结果。

如果从更宏观的背景来考察，在长江中游，长江沿岸靠近三峡的区域，学术界称为峡江地区，也是大溪文化最为发达的地区之一。这个地区大溪文化的前身是柳林溪文化，该文化以湖北秭归柳林溪遗址为代表，主要分布于峡江一带，在年代上和洞庭湖平原汤家岗文化同时，与汤家岗文化因素有很多相似之处，说明当时两地的交往是颇为密切的。峡江地区大溪文化是在柳林溪文化的基础上发展起来的，因地域的差异，洞庭、峡江两地的大溪文化在某些因素上略有不同：峡江地区大溪文化早期的某些陶器形态受到其他区域的影响，同时又保留有浓厚的柳林溪文化因素；洞庭湖地区大溪文化主要保存了汤家岗文化的因素，外来影响甚微。不过，这些局部差异并不影响两地同属于大溪文化的范畴，因为对于整个文化系统而言，两地文化的物质形态及其组合和演变进程是基本一致的，其文化性质也是一致的。从这个意义上来说，长江中游史前文化的发展，从彭头山文化到汤家岗文化，湖南、湖北的考古学文化是存在明显差异的，只有到了大溪文化时期才走向了统一，鄂西峡江和湘北洞庭湖区的文化才真正实现整合，所谓一统江湖，一个空间宏阔、特征一致的考古学文化——大溪文化出现在长江中游。

距今6300年前后大溪文化发生之际，与长江中游相关的周边地区也在发生着重大的文化变化。黄河中原文化变迁提速，关中地区的考古学文化完成了从零口类型向半坡类型的转变，豫西—晋南完成了从枣园类型到东庄类型的转变，豫北冀南、豫南、豫中分别形成了后岗类型、下王岗类型和以大河村遗址仰韶文化前二期、前一期及西山遗址第一组为代表的遗存。关中、中原腹地文化互动导致了仰韶文化背景下的"文化一元、类型多样"动态进程。与此同时，海岱地区在江淮东部龙虬庄文化的影响下，发生了由北辛文化向大汶口文化的转变。紧接着，变化也在长江下游发生，出现了以上海青浦崧泽一、二期和浙江嘉兴南河浜早期为代表的早期崧泽文化，以江苏南京北阴阳营二期、安徽宿松黄鳝嘴、湖北黄梅塞墩早期为代表的早期北阴阳营—黄鳝嘴文化，以及龙虬庄二期遗存等。这些文化遗存的面貌大同小异，形成过程互相关联，有人称为"崧泽化"过程，也有人把这一现象称为"崧泽文化圈"的形成。与此同时，长江中游的文化也加快了与外界互动的步伐，最著名者莫过于汤家岗文化的白陶，其传播范围覆盖了秦岭—淮河以南的大半个中国。这一切，均显示出黄、淮、长江流域交流的频繁，有学者把这一现象称为"早期中国文化互动圈"，大溪文化就是在这样的背景下产生并发展起来的。

大溪文化的上限为距今6300年，多个遗址的^{14}C样品测年都证明了这个时间的准确性，它的下限则与一次大规模的文化取代有关。大约800年后，大溪文化被崛起于汉水之阳、大洪山南麓的油子岭文化所席卷，被彻底取代，标志着长江中游另一个大时代的到来。从确切的时间范围来看，大溪文化为距今6300—5500年。它的分布范围主要是湖南的洞庭湖区、湖北江汉平原西部至重庆三峡的巫山一带，并深入渝东西阳山区。

大溪文化800年的历史，在长江中游留下了丰富的物质文化遗存。湖南作为大溪文化的发祥地之一，在文化上居于领先地位。首先，这里诞生了最早的城池，意义重大。城的出现作为文明的标志之一，是社会演进到一定复杂程度的产物。严文明先生指出，城的出现是一种非常醒目的人文景观，它好像是历史长河中一种高耸的里程碑，把野蛮和文明两个阶段清楚地区分开来，中国历史从此开始了新的篇章。在中国史前文明化进程中，毫无疑问，洞庭湖地区的澧阳平原走在了前列，引领着历史向前发展。城的诞生开启了人类历史上城市化和文明化的进程趋势，城头山理所当然地成为众城之祖，万城之城。其次，澧阳平原率先建立了稻作农业生存与发展的社会经济蓝图。这里有着从环壕聚落向史前城池演变的具体证据，其发展轨迹极为清晰。这里的文化稳定而连续，建立了土地、水、稻循环开发与利用的长效机制，对于中国这个以农立国的古老社会而言，这是具有创始之功的。最后，澧阳平原大溪文化一系列相关遗存，见证了这个阶段文化与社会的繁荣与发达，是长江中游最具代表性的地区。

城头山大溪文化有一系列重要发现来证明这座城池的与众不同，证明其独享中国第一座史前古城的尊荣。大溪文化早期的水稻田、祭坛、祭祀坑、墓地等一系列遗存见证了它的过去。在城头山的东部，当这个地方还是一处环壕村落的时候，这里是一片农田，农田与那条绕村的壕沟到底构成什么关系，还不太清楚，从考古发掘的情况来看，极有可能与壕沟有相连的水渠。这样一来，需要水时可以用来灌溉稻田，水多时又可以从水渠排走。水的管理显然是利用自然地势的高差，加以人工的敷设，将环壕、水田、水渠、河道等连成动态的水系，这完全可以称得上是一个系统的水利工程，更是维持稻作农业持续发展的关键工程，这样的工程需要规划、设计与管理。这片农田存在的时间很长，从汤家岗文化一直延续到大溪文化最初阶段。但是，后来人口增多了，环壕聚落要扩大，这一片农田就得废掉，用来满足新增人口的生活和居住，就如同将基本农田变成城镇建设用地一样，是刚需——数十年前的长沙伍家岭就是一片稻田，数十年前的北京中关村也是一片稻田，现在都成了闹市区——因此，沿用了数百年的汤家岗文化和大溪文化早期的这片农田就此废弃。废弃的农田没有进行清淤，而是在其上垫筑了厚厚的黄土，黄土之上则垒起了第一道城墙，也就是城头山一期城墙。建造城墙的时候，肯定是举行了某种仪式，因为在城墙的坡面上发现了一具斜躺着的成人骨架，也没有任何随葬品，其上叠压的是另一层城墙的筑土。这种现象，推测可能是筑城时曾经举行过的某种仪式，这具人骨架应是举行仪式时所用的"牺牲"（图58）。

图58　城头山一期城墙上的人骨架

建造城池在当时显然是一件开天辟地的大事，我们毫不怀疑这样的工程在当时人们心目中的神圣地位，建造城墙和挖掘城壕是同一个工程的两个方面，这样的浩大工程必须彰显其重要和特殊性，因此要通过一系列仪式活动得以强化。在城头山东部区域一期城墙之内一侧的平地上，发现了一个土筑的台子，台子呈椭圆形，面积至少250平方米，高度超1米，从种种迹象判断，这个台子是一处祭坛。祭坛的边缘还发现大量的祭祀坑，坑内遗物较多。在一处坑口还发现一件兽面獠牙纹饰的白陶片。祭坛的坡上覆盖有厚厚的一层草木灰，不少祭祀坑中也有草木灰。在祭坛的顶部，还发现一组圆形坑，中心坑直径达1米，内埋石头。这便是城头山大溪文化早期的祭坛，祭坛与周围众多遗迹构成一个完整的祭祀体系，根据这些遗迹甚至可以复原出当时的祭祀行为。

城头山祭坛：

祭坛在建造之前有过清理地面的行为，位置在稻田的西缘，有的还占据了一部分稻田。这个地面先是铺垫一层陶片和红烧土碎块，再铺一层较为纯净的黄褐色土，祭坛便是在这个基础上营建的。祭坛由纯净黄土堆筑而成，整体形态略呈椭圆形，由中心向四周倾斜。长径25、短径10米，最大高度达1米。祭坛东侧的坡角下还垫筑了一部分红烧土以作加固之用。西侧同样叠压着略呈长方形的红烧土堆积。祭坛的南部是一批形状特殊的坑，这批坑的开口层位不同，处于同一层位的坑基本没有打破关系，但多数在坑与坑之间都留有一道较薄的界土（隔断），不同层面下开口的坑之间有叠压打破关系。推测这一时期频繁的祭祀活动集中在南边。祭坛南侧边缘之外，还发现了一批打破生土的坑，以方坑为主。坑的形态较为特殊，可排除其作为一般灰坑的可能性。大多数的坑壁都比较规整，多数坑的深度达1米以上，长、宽均在1米以内，其形状也排除作为墓葬的可能性。坑壁还以草灰刮抹，有的坑底有特意挖成的台阶，大多数坑内都有一些遗物：有的坑内放置了数层陶器，器物以釜、罐为主，放置方式也较特殊，绝大多数为倒扣式，少部分为横置式，器底均无存，似是有意识地敲掉。有的坑内放置不少兽骨或红烧土，大多坑底还置有一两件经过打砸的石头，这些迹象显示这些坑均为祭祀坑。从相关祭祀坑的分布和其他遗迹现象来看，祭坛使用了一段时间，可能从一期城墙的建造到城墙建好后的城内生活期间均在使用，并在使用过程中还进行了加固和扩大（图59）。

这个祭坛到底是用来干什么的？根据这里的城墙形状和迹象，推测可能与筑城时举行祭祀活动有关。祭坛以及周围的遗存，为了解当时的人类行为提供了证

图59 城头山祭坛与祭祀坑及出土獠牙、白陶

据,并形成证据链。这些证据与古代文献记载多有印证,说明后世相关祭祀确有古老源头。

《说文解字》云:"坛,祭场也。"《祭法》注:"封土曰坛,除地曰墠。"《汉书·孝文帝纪》载,"其广增诸祀坛场珪币"。师古曰:"筑土为坛,除地为场。"《黄帝内传》也记:"帝筑圆坛以祀天,方坛以祀地,则圜丘方泽之始。"《礼记·祭法》曰:"燔柴于泰坛,祭天也;瘗埋于泰折,祭地也。"郑玄注:"坛、折,封土为祭处也。"《皇清经解》卷二百一十九云:"王有二社,王社在门右,大社在泽中,泽中方丘谓之大社,亦曰泰折,坛圆折方,故郊曰泰坛,社曰泰折。"《汉书·郊祀志》曰:"能知四时牺牲坛场。"颜师古注:"积土为坛,平地为场。"这些文献无一例外地认为,坛应该是以土或石块堆筑而成,是专门为祭祀活动而建造的。

祭坛之边的大量草木灰,应该是焚烧的结果。《虞书》云:"巡守亦用柴,注册以为祭日也。"祭天的主要方式是燔柴,称为禋祀。《通典·吉礼》引郑氏注云:"禋,烟也,取其气达升报于天也。"《礼记·祭法》:"燔柴于泰坛,祭天也。"孔颖达疏:"燔柴与泰坛者谓积薪于坛上,而取玉及牲置柴上燔之,使气达于天也。"陈皓注云:"燔、燎也,积柴于坛上,加牲玉于柴上,乃燎之,使气达于天,此祭天礼也。"《尔雅·释天》:"祭天曰燔柴。"《皇清解经》卷二百一十九:"燔燎而升烟,所谓燔柴于泰坛,祭天也。"可见其祭法源来甚古，而以实柴燔燎，则是周礼中的一种概括，主要是烧柴。积薪于坛上，燔烧，使气达于天。

祭坛附近大量的祭祀坑，是祭地祇的主要方式——"瘗埋"。它是把牲埋入地下，使其血气灌于地。地祇也称"社"，《说文·社》曰，"社，地主也"。《礼记·郊特牲》："社、祭土，而主阴气也。"《尔雅·释天》："祭地曰瘗埋。"郭璞注："既祭埋藏也。"《礼记·祭法》曰，"瘗埋于泰折，祭地也，用马羊犊""祭天之有烟柴犹祭地之瘗血"，所以祭地均应杀牲。《周记·春官》说："以血祭祭社稷。"《皇清解经》卷二百一十九："杀牲而荐血所谓瘗埋于泰折，祭地也，则有血祭。"

近年在陕西宝鸡凤翔城西发掘的雍山血池秦汉祭祀遗址就是以祭坛和祭祀坑的形式出现的，这处遗址是《史记·封禅书》《汉书·郊祀志》等文献记载的"畤"。通过大量的田野调查和发掘，逐步发现和确认出一批重要遗迹，如封土坛、壝、坛场与三垓、建筑遗址、道路、马牛羊祭祀坑，以及出土1900余件（组）诸如玉人、璜、玉琮、小型偶车马、车马器等专门用于祭祀的文物。根据考古发掘出土信息，结合遗址所处的地理位置与环境、古今地名沿革等线索，以及《史记·封禅书》《汉书·郊祀志》等文献的记载，初步判断该遗址就是西汉初期汉高祖刘邦在雍地设立国家最高等级用于专门祭祀天地及黑帝的固定场所——北畤。雍山血池秦汉祭祀遗址是秦汉礼制、秦汉政治、中国古代礼制文化等方面的生动反映。其源头，似乎可以在类似城头山这样的史前城址中找到（图60）。

城头山祭坛向我们提供了一个生动的史前祭祀活动所留下的场景，其许多细节都可以和后世文献一一对应，保留得如此完整，令人感怀，城头山的发掘，人们可以推测其祭祀遗存与周秦汉唐历代重大祭祀可能有关联。当然，要将其与6000年前的史前祭祀活动完全联系起来，也还有缺环，相信以后的考古发现会将这些缺环一一联结。

祭坛与祭祀坑是大溪文化时期考古的普遍发现，类似的遗迹在丁家岗和优周岗等遗址也有发现。丁家岗的祭祀坑种类有圆形和方形，分明是和城头山祭祀坑有同样的性质。优周岗遗址也发现了祭坛，2010年上半年的发掘，揭示出一座白色的土台祭坛，是以较纯净之白色淤泥堆筑而成的，略呈圆形，直径18米。上有大量互相间具有叠压打破关系的兽骨坑。坑内堆积大量的兽骨混杂碎陶片及红烧土块。兽骨绝大部分是牛骨，另有少量猪骨和鹿骨，也有2块象骨。坛的南部也揭示出新的兽骨坑。在其中一个兽骨坑内，出土一牛顶骨，两牛角犹在，但角

图60 雍山血池秦汉祭祀遗址及祭祀坑出土的玉器与车马

尖部被人为砸断；另见一弯曲木棍，从下部插入牛颅内。另外一个坑的灰黑色淤泥类堆积中发现一人面木雕，以一整木雕刻而成，人面鼻子以下已残没不见，可见隆起的鼻子及圆形镂空的双眼；两侧向上生有两角，顶部正中间立有一木柱，成一"山"字形冠，判断此人面可能属傩面性质，与断角插以木棍的牛颅顶骨皆为当时先民宗教信仰类活动的遗物。这些祭祀坑及其坑内遗留，应是当时祭祀活动所产生的。傩面的特征，也与后世的傩面较为相似，战国秦汉时期沅水流域一带的墓葬中出土不少滑石傩面。常德、溆浦等地的汉墓中出土滑石器面具，都有"山"字形冠饰。马王堆帛画中的"太一将行"图，也有"山"字形冠，联想到高庙文化最早出现的山形图案，这些是否都与此有关呢？虽然证据链在时间上还有缺环，但湖南本土的文化底层那些神秘的精神图腾似乎一直被一根剪不断的线联结着，数千年来时隐时现，若有若无，似已成为湖南传统文化中的隐性基因（图61）。

城头山祭坛的建造和使用时期都是在大溪文化早期，即城头山大溪文化遗存第一期，到了这个时期的末段，大约距今6100年前后，这个祭坛就不再举行与燔

图61 优周岗遗址祭坛、兽骨坑与傩面

烧、瘗埋有关的祭祀活动了，这处神圣场所便成为特殊人士的墓地。最重要的墓不仅处于祭坛的中央，还位于祭坛的最高位置，此墓的墓坑和所处空间位置均较特殊，墓坑为正方形竖穴，长、宽均为120厘米，深40厘米。墓坑中间有隔梁将其分为两部分，北半部放置墓主人，为仰身、屈下肢，头向东南。左侧下肢骨上有1颗鹿牙，骨架下发现板灰，疑似葬具痕迹；南半部随葬1件牛下颌骨。5座小墓环绕在这座墓的周围，这几座小墓均不见任何随葬品，多数均肢体残缺。祭坛中央的这座墓与周围其他墓葬显然不是同一级别，其地位身份明显高于周围几座墓葬。后来，到了第二期的阶段，这里又进一步成为等级较高人士的墓地，在这层墓葬之上，又埋葬了另外一批墓，等级也都比较高。墓地的大量随葬品集中到了平行排列于T3030和T3080两个探方中的编号M669、M678—M680、M739为代表的少数墓葬上，而这5座墓又以M678较为特殊。

城头山以M678为代表的高等级墓葬：

M678号墓在一排5座墓中位置靠北，为长方形竖穴土坑，墓坑长250、宽110、深20厘米，坑底分布有零星朱砂，人骨架保存完好，头向一律朝东，方向90°，仰身直肢，为一成年男性。骨架左侧有一小孩头骨，与墓主头向相反。颈部有2件玉璜，应是死者佩戴之物。随葬陶器25件，其中豆7件、圈足盘4件、器盖10件、鼎1件、釜1件、碗2件。随葬品放置于墓主两侧，左侧仅有豆及其器盖，其余器物均置于右侧，右手上执一小鼎（图62）。在M678的北侧有2座屈肢葬的墓，分别为M681、M682，无任何随葬品。在M678的南侧，依次排列着M679，随葬品12件；M669，随葬品11件；M680，随葬品13件；M739，随葬品15件。这5座墓的随葬品均在10件以上。反观周围的其他墓葬，没有随葬品的有10座，随葬品为1—3件的有10座，随葬4件的有1座，随葬5件的有1座。这27座墓葬中随葬品的总量为102件。5座墓的占有量为78件，12座墓的占有量为24件，10座墓完全没有随葬品。这组数据所表现出来的差异已经非常明显。另外，从墓坑结构来看，以M678为代表的一类墓有更大的墓坑，它们的长度均超过了2、宽度在0.7米以上，并且占据该墓地的中间位置。其他墓坑的尺寸要小得多，长度在1、宽0.7米以下。从葬式上也可以作出判断，虽然仅发现了M678有骨架，为仰身直肢葬，但推测其他4座墓应该也采取了大致相同的葬式；而其他的墓葬均为侧身屈肢葬。这种不同的葬仪当是反映了死者生前有着不同的社会地位。

城头山大溪文化时期的墓葬反映出这个时期社会的分化已经比汤家岗文化时期更为明显，可能出现了杀殉，意味着不同身份的人地位悬殊。不同身份出现的标志

图62 城头山大溪文化M678及随葬器物

还有另外的体现,大溪文化二期以后,制陶的专业化现象已经出现,这个时期发现大批陶窑,烧制的陶器也有了标准化的趋势,快轮修整工艺也已经使用,这意味着一个新的阶层——陶工的出现,手工业的专业化所带来新的社会分化结果在接下来的文化变迁中将具有举足轻重的作用。

城头山陶窑：

编号为Y10的陶窑结构清楚，是这个时期陶窑的典型代表。Y10为不规则长方形，可以观察出有投柴坑、火膛、窑床和烟道几个部分，全长6.2、主体部分宽3.5米。投柴坑在西端，为南北长的椭圆形，南北径4、东西径2、深0.7米，底平。投柴坑与火膛之间有长0.9、宽0.6米，且与火膛底持平的窑门，将投柴坑与火膛相连。火膛为椭圆形，南北径1.5—2.3、东西径3米，中间部位从北至南有一宽0.2、高0.05—0.1米的黄土隔断，将窑膛分为两部分，在隔断中间有一宽0.1米的缺口，形似火道。除与投柴坑相连的一方外，火膛其他部位的周边均有高于膛底0.5—0.6、宽0.8—1.1米的平台，应为累放器物的窑床。在北侧的窑床上还发现1件未经烧透的陶罐。烟道在窑床东侧南部，两个圆形坑相通，直径0.6—0.8、深0.3米，窑顶已不存在。火膛内的堆积有成层状的红烧土末，每层之下均有较为纯净的草木灰，可以观察出主要材料为竹。推测该陶窑的烧制过程是先挖坑，在坑内再挖出投柴坑和火膛及窑床部分，然后在窑床上累放器坯，再将窑床用泥密封，在后端留烟道口，烟囱则可能砌于地面。在窑内和窑外的地面上均留有大量的陶片，可以分出13层陶片堆积，显然是烧窑过程中留下来的废次品（图63）。

图63　城头山大溪文化陶窑Y10

大溪文化存在了800年，城头山大溪文化遗存可以分为四期，平均每期约200年。但是，文化并非均衡发展，因此每一期也不可能平均划分。总体而言，大溪文化可以分为前400年与后400年。在后400年，城头山的城墙与城壕再次向外扩大，城池面积的扩大是为了让城内可以居住更多的人。城池有四个门，南门有通往外界的陆路，其中一段是通过搭设木桥，桥下的城壕依然是贯通的。桥旁是码头所在，因此，这里成为城头山最重要的水陆交通要道，是人们活动频繁的地方，也是故事发生最多的地方。

通过对该处城壕和道路的发掘可以发现，城壕内的堆积分两大部分，下部为静水沉积，上部堆积较杂，可能是人为形成的堆积。在静水沉积中，发现大量的木材、木器、木构件、织物、植物籽实和动物骨骼，同时还发现了建造二期城壕时所使用的护坡设施。这种护坡首先是一层黄褐色黏土夹大量白膏泥，贴筑在城壕的坡面，再在外面铺上一层用芦苇和竹篾编织而成的芦席，固定芦席的是一排打入沟底的木桩。木桩间距为1.2—1.5米，在木桩之外用边缘横截面带韧性的长木条，或用劈开的木条捆扎成横栏，形成颇为严密紧凑的护坡（图64）。

在这处城壕的静水沉积中，发现了木浆、木艄，以及可能是船构件的带榫眼的木板，还有数十根4—5米长的圆木，其中部分圆木上每隔50厘米左右都有用刀砍的痕迹，不排除是木排的组成部分，这些出土物也证明这里曾是一个重要的水上交通所在（图65）。

大溪文化时期的生态环境与前期没有大的区别，但人们的生活形态和人际关系却有了重大改变：一是城头山城池的出现预示着城居时代的来临和城乡二元结构的产生；二是稻作农业的进步积累了一定的社会财富，从而加速社群分化和文明化进程；三是文化交流进一步增强。大溪文化是一个相对开放进取的社会，在发展过程中不断吸收外来文化因素，从许多考古证据可以找到大溪文化与外界交流的证据，比如城头山M678号墓的玉璜，其工艺和造型都应该是外来的，极有可能是来自长江下游。大溪文化二期和三期，城头山还出土了一批薄胎彩陶，有杯、鼎、壶，这些陶器为泥质陶胎，表面施一层白衣，白衣上再装饰黑彩或红彩，这类工艺显然也不是本地所有，应该来自外地。来自外地的最典型的一件器物是所谓的"西阴纹"陶盆，这件陶盆上的纹饰，明显来自中原地区庙底沟文化（也有学者称为西阴文化，以山西夏县西阴村遗址命名，其年代距今6000—5200年）。与西阴纹共存的还有其他彩陶，以及某些特征的陶器，应该都是来自中原地区。但是，彩绘绞索纹应该是本地文化传统，这个传统或许源自高庙文化、汤家岗文化时期的图像纹饰（图66）。

图64
城头山出土芦席与木桩护坡

图65
城头山南二期城壕出土木器及发掘现场

图66
城头山出土大溪文化彩陶

三、从城头山看湖南

距今6000年前的洞庭湖,已是炊烟笼碧树,陌上行人稠。以澧阳平原为例,已查明的大溪文化遗址数量多达49处。最大的变化是出现了特大型中心聚落,城头山还出现了城池。十多处聚落的面积已达数万乃至十万平方米,三元宫就是一处面积为9.5万平方米的环壕聚落。这些聚落之间到底构成什么样的社会关系,还不是很清楚。但是,从一些考古证据来看,聚落之间是不平等的。比如,与城头山相距10千米远的丁家岗遗址墓葬里面的随葬品,其数量和质量就远不如城头山,这就说明城头山的富裕程度要高很多。同时,城头山所拥有的一些特殊器物,如玉器、薄胎彩陶等也基本不见于其他遗址,表明某些外来贵重物品的获得是城头山区别于其他聚落的重要特征之一。外来贵重物品需要远距离交流,是能力和影响力的体现,这种情况只有在城头山才能够看到。这些证据也表明,城头山作为长江中游同时期唯一的一处城池,在当时是澧阳平原上的中心,环洞庭湖的中心,甚至也是湖南的中心。大溪文化在湖南的分布除了洞庭湖平原主体范围外,还深入沅水山区河谷,或溯沅水支流酉水而上进入武陵山腹地。原来松溪口文化的分布范围出现了不少大溪文化的因素,进而形成具有浓厚大溪文化色彩的高庙上层文化。

中心之外,在澧阳平原的东南之外,还有另外一支考古学文化——堆子岭文化,是与大溪文化并存,以雪峰山和沅水为界,主体分布在湘、资流域中下游的新石器时代文化。堆子岭文化以湘潭县堆子岭遗址命名,代表性遗址有株洲磨山,湘潭堆子岭、老虎坑,宁乡花草坪,汨罗附山园,湘阴青山,益阳蔡家园,沅江玉竹苞,汉寿马兰嘴等。堆子岭文化具有和大溪文化不一样的特征。

堆子岭文化陶器以夹砂红褐陶为主,次为泥质红陶,也有一定数量的泥质灰陶、黄白陶和夹细砂的白陶。纹饰以戳印纹、按窝、圆圈纹、绳纹、弦纹、斜线纹、曲折纹为主体,也流行镂孔、附加堆纹、锥刺纹、刻划纹、凹槽等装饰手法,多为繁缛的通体装饰,富于变化。陶器以三足器为大宗,其次是圈足器和圜底器,也有平底器。主要器类有鼎、圈足盘、釜、豆、罐、盆、碗、钵、瓮、器盖、器座等。而釜形鼎、镂孔圈足盘、镂孔鼓柄豆、圜底釜、平底罐等为该文化的标志性器物(图67)。堆子岭文化的存续时间较长,大致相当于澧水流域的汤家岗文化末期到大溪文化时期。堆子岭文化的分布兼具多种地貌,分布范围主要在湘江中下游。湘江北去,其东侧为丘陵,西侧即洞庭湖平原区。

第五章 万城之城 稻作文明——城头山城址与大溪文化 | 097

图67 堆子岭文化陶器（堆子岭遗址出土）

　　大溪文化与堆子岭文化代表了距今6000年前湖南地区的两大文化板块，这两大文化板块的大界线是雪峰山和沅水故道。

　　雪峰山是斜插于湖南中部的一条大山脉，呈东北—西南走向，起于南部广西—湖南之间的八十里大南山，略成弧形蜿蜒向东北伸展，东北尾端沿益阳、沅江一线的赤山隆起，直插洞庭湖，将洞庭湖分为东西两部分。山的南北两侧是资水和沅水。沅水故道从常德开始流向东北，直抵君山西北侧，继续流往东北，在今华容与君山区的交接处汇入长江。

　　堆子岭文化与大溪文化的边界大致是雪峰山，进入益阳资阳区后则是绕赤山隆起西侧、沅水故道南侧一线。这条界线在文化上的分野非常清楚，现今湘潭、长沙、益阳的地域，均为堆子岭文化分布区。靠近益阳的常德汉寿马兰嘴遗址也是堆子岭文化遗存，该遗址位于赤山隆起西侧，沅水故道南侧，应是到了堆子岭文化的边界所在。大通湖农场黄家坝遗址，同样也发现了典型的堆子岭文化遗存。华容车轱山遗址则是典型的大溪文化遗存，岳阳云溪道仁矶遗址则又属于堆子岭文化遗存。因此，推测大溪文化与堆子岭文化之界线应该划在华容车轱山遗址东南不远的地方（图68）。

　　距今6000年前的湖南两大文化板块，直接奠定了先秦乃至秦汉以后湖南的历史地理格局。在族群上，以雪峰山为界，东部是夷越族群，西部是苗蛮族群；在语言上，东部是湘方言区，西部是西南官话区；在文化上，东部是湖湘文化区，西部是五溪文化区。这样的文化差异在建筑式样、民风民俗、歌舞戏曲、饮食起居等多方

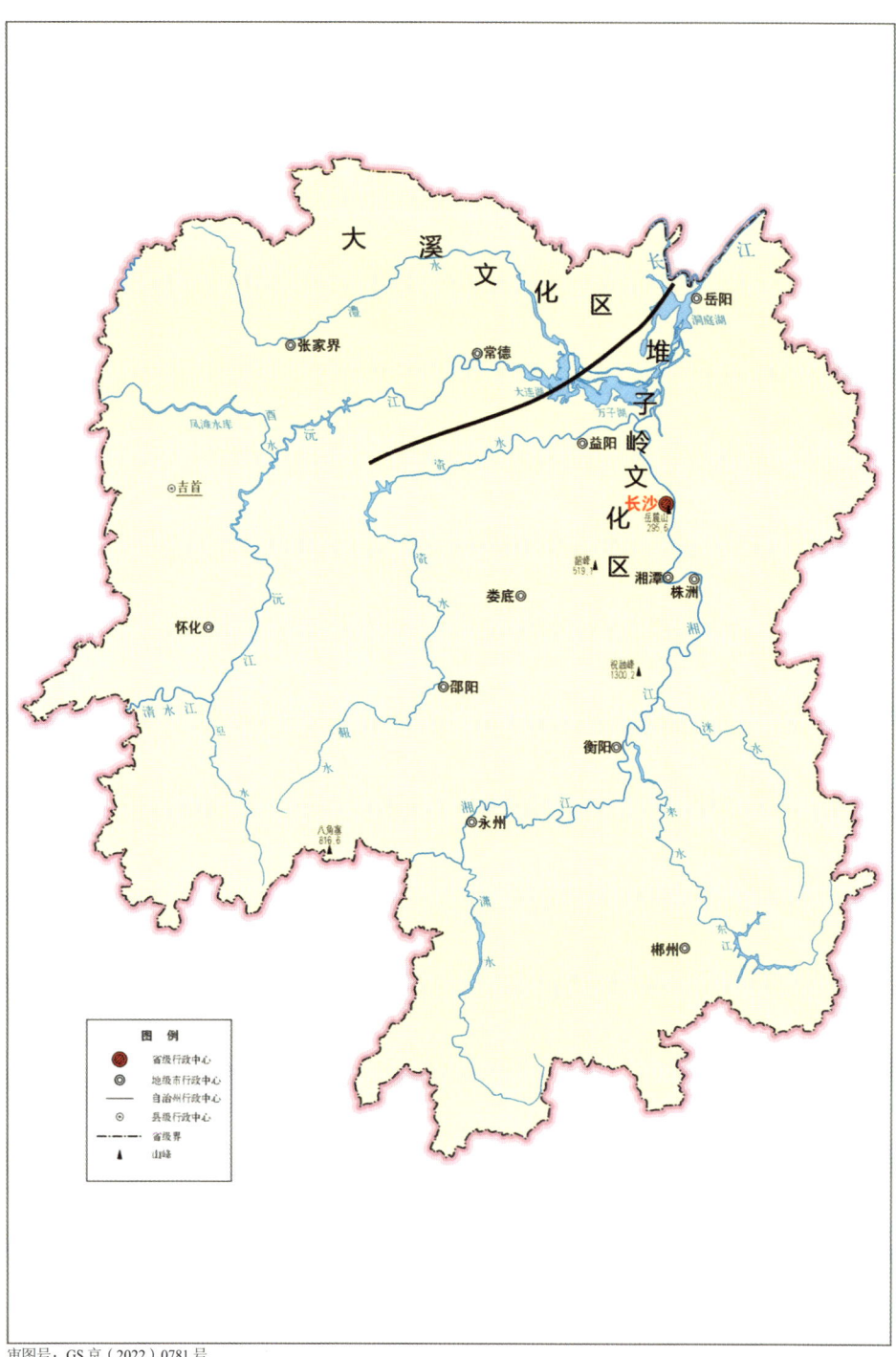

图68　大溪文化与堆子岭文化分布示意图

面都能反映出来，形成湖南整体上的东西二元格局。这种二元格局最早见于记载就是战国时期吴起所提到的"楚之南有洞庭、苍梧"。到了秦朝，洞庭郡在西，苍梧郡在东。历史在这里出现了惊人的重逢，莫非湖南行政上的郡县设置所凭依的文化与地理格局，早在6000年前就有了雏形？

应该说，距今6000年前奠定的湖南东西文化格局像一根脐带，给后世源源不断地输送养分。这个格局体现于楚秦，是洞庭郡与苍梧郡的苗蛮文化和夷越文化两种；体现于两汉及其以后，则是武陵郡与长沙郡的五溪文化和湖湘文化两种。直到湖南单独建省，这种格局才逐渐被打破。但是，文化上的格局不是那么轻易就能改变的，即使当代，这种格局仍然存在，两大板块语言与文化上的差异仍然非常明显。比如，代表湘方言的益阳和代表西南官话的常德，在方言上的差异就很大，这两大方言的界线，就在汉寿—南县与资阳—沅江的交界区，这个交界区，也正是6000年前大溪文化与堆子岭文化的界线所在。

距今6000年前后的大溪文化是长江中游一支最为重要的主流新石器文化，但是，并非整个长江中游就只有这一支文化，大溪文化占据了长江中游的核心位置，成为整个区域的文化中心和重心。在其外围和边缘，也分布有其他的文化，比如湖南的堆子岭文化，湖北的汉水中下游及鄂东也还有其他文化，这些文化与大溪文化有一定的交流和联系，但是特征并不一样。这种不一样，可能也是族属上的差异。上古文献对这种族属的记载非常模糊，尤其是南方长江中游，均以南蛮概括之，即中原为华夏族群，四周为东夷、南蛮、西戎、北狄，这只是大分类，大的族群之下还有很多不同的族属，所谓"各有种姓"。前述湖南东西两大分区，乃是基于战国秦汉时期的历史记忆，大溪文化与堆子岭文化到底分别代表了后来的哪些族群，这些族群是否还有更早的人群和文化差异，目前的线索还不清楚。

堆子岭文化的构成因素比较复杂，湘江流域本地原来的大塘类型因素有部分遗留，此外还有来自洞庭湖区的汤家岗文化、大溪文化因素。堆子岭文化最具特征的鼎，则可能来自鄂东—皖西南地区。湖北黄梅塞墩遗址、安徽宿松黄鳝嘴遗址都出土了大量与堆子岭文化形态与质地都比较类似的陶鼎。概言之，堆子岭文化是多种文化因素影响的结果，促使其进一步繁盛和发达的主要推动力则来自鄂东—皖西南地区。鄂东—皖西南史前文化的源头在江淮下游，属于东方古老的文化传统。从这里也可以看出，长江中游和下游的联系，距今6000年前后进一步密切，意味着区域的互动更加频繁。而前面提到的大溪文化系统中，也有不少来自中原的因素，这些都说明长江、黄河流域相互作用和交流的网络开始形成。有专家称为"文化上的早期中国"。

韩建业认为，文化上的早期中国形成于公元前4000年前后的庙底沟时代。公元前4000年前后，仰韶文化东庄—庙底沟类型从晋南豫西核心区向外强力扩张影响，中国大部地区文化交融联系成相对的文化共同体，其空间结构自内而外至少可以分为三个层次：核心区在晋西南豫西及关中东部；向外是主体区，即黄河中游地区；再向外是边缘区，即黄河下游、长江中下游和东北等仰韶文化的邻近地区。这个三层次的文化共同体，与商代政治地理的三层次结构竟有惊人的相似之处。该共同体无论在地理还是文化上，都为夏商乃至于秦汉以后的中国奠定了基础，因此可称为最早的"早期中国文化圈"，标志着文化上的"早期中国"正式形成[①]。不过，他所说的晋西南豫西及关中地区所谓核心，主要是从其地理位置而言的，从史前中国各区域已发现的文化来看，6000年前那个核心还未出现。

大溪文化时期的湖南，实际上就是以城头山为中心的湖南，澧阳平原及城头山在当时的中国，确为一处文化高地。"众城之源，稻田之母"的称号并非浪得虚名，而是植根于深厚的文化经济背景中。从城头山看洞庭湖，从洞庭湖看湖南，从湖南看长江中游，以城头山城池为代表的那个时代，湖南仍然引领了潮头，是长江中游的重心地区。

---

① 韩建业：《略论文化上"早期中国"的起源、形成和发展》，《江汉考古》2015年第3期。

第六章

南蛮向化　夷夏相融

——湖南史前文明化进程

> 三危既宅，三苗丕叙。
>
> ——《尚书·禹贡》
>
> 昔者三苗之居，
>
> 左彭蠡之波，右有洞庭之水，
>
> 文山在其南，而衡山在其北。
>
> ——《战国策·魏一》

一、油子岭文化的崛起与扩张

（一）油子岭文化崛起汉东

历史的进程是曲折的，事物的发展总是螺旋式上升，文化先进的区域不可能永立潮头。所谓风水轮流转，从长程的历史演进来看，这样的发展模式具有普遍性。以长江中游为例，新石器时代以来，澧阳平原一直是文化发展的重心地带，引领了长江中游新石器文化的发展潮流，大溪文化中国第一座城池的营建更是将这种风头发挥到极致。数百年过去，城头变幻大王旗，谁曾想到，偏居一隅的汉东地区异军突起，在大洪山南麓的垅原上点燃了新一轮篝火，渐成燎原之势。

距今5700年前后，或更早一点的时间，江汉平原的北部，汉水左岸、大洪山南麓的汉东地区成为多支文化的交汇地带。这里原来有一支不甚强势的考古学文化，大体与汤家岗文化和柳林溪文化同时，其延续时间或许还要长一些，这支文化被称为边畈文化。边畈文化来自南阳盆地一带，受中原地区前仰韶文化影响而产生，因此，在文化性质上与汤家岗文化和柳林溪文化并不一样，属于中原系统。边畈文化发展过程中，受中原仰韶文化的持续影响。后来，又受到汉水以西大溪文化的强烈影响。与此同时，汉水下游入江地区，则受到鄂东、皖西南塞墩、黄鳝嘴等一类遗存的影响，出现了以红褐色夹砂陶为主、以陶鼎为鲜明特色的文化遗存，这类遗存后来也可能溯汉水而上。边畈文化遂在多种力量的驱使下解体，导致了文化的变迁，其具体细节目前还不十分清楚，因为边畈文化的材料

还很少，无法完全重建它的全过程。多种文化并存，相互作用和势力角逐，或许是距今6000年前后汉东地区的真实写照。又过了若干年，大约距今5700年，汉东地区终于发展出油子岭文化。

油子岭文化出现于汉东的明显特征是一批具有代表性的陶器，这批陶器保持着原来的红陶特征，但既不同于大溪文化，又与原来的边畈文化差异很大，其红陶圈足盘、圈足罐、豆、鼎、簋、彩陶碗和黑陶鼎、豆、壶、杯分别代表了日常生活用器与墓葬的随葬用器（明器），日常用器中，早期以红陶居多，晚期黑陶数量增加。最具代表性的是黑陶，其制作工艺采取了快轮制陶，风格统一，烧制的过程中又使用了还原与渗碳技术，陶器美观漂亮，这是油子岭文化陶器的主要特征。

油子岭文化一经出现，便显示其强势地位，很快整合了汉东地区，然后越过汉水，向江汉平原腹心进军。不久之后，又越过长江进入洞庭湖区，在不到200年的时间内就成为一统两湖、独占长江中游中心地带一支强势的考古学文化。

（二）油子岭文化时期的湖南

油子岭文化崛起于汉东的时间是距今5700年前后，但是，进入湖南的时间则晚了大约200年，这说明文化的取代和更替在不同地区是有先后的。油子岭文化最先进入湖南的地方是湘北的洞庭湖北岸和澧阳平原，也就是目前从岳阳君山经华容、安乡，到澧县、临澧一带，然后进入洞庭湖区及四水流域，在距今5500年左右取代大溪文化。

湖南的一些考古遗址中很容易发现油子岭文化的遗存。在华容车轱山遗址，大溪文化遗存之上，是明确的油子岭文化的遗物和遗迹堆积。大溪文化的墓地，后被油子岭文化墓葬占据并迅速扩大，说明当时这个聚落从大溪文化更新到油子岭文化的速度较快，类似的情况在其他遗址中也能发现。另外一个现象是，油子岭文化的聚落在很多空白地点迅速建立，且规模较大。

变化最显著的是城头山。众所周知，城头山城池是大溪文化一期建立起来的，距今6300年，建立城池之后，城内的人口不断增加，后来在距今5800年前后又有一次扩建，成为二期城池。油子岭文化一经出现，就在城头山开始了大规模的第三次筑城，将城的规模大大扩张了。城墙高耸、护城河宽阔的城头山格局从此不再改变，一直保留到现在。从考古发现的证据来看，城头山三期城墙的建造年代在距今5300年左右的油子岭文化末期，建设的规模大增，城墙达6米之高，墙基达20

米之宽，护城河深达4—5米，宽达四五十米，这样的规模是原来大溪文化所没有的，所组织的人力物力，消耗的劳动量和财物也是前期所未有的。这样的城池建设力度，需要调动周边的聚落一同参与，需要前所未有的组织能力和协调能力，也需要一个与之匹配的组织和管理体系的存在。

三期城池应该是在一个较短的时间内建成的，建造的过程还可以从一些细节上得到反映：考古发掘在护城河的底部发现了因分区域作业而留下的凹坑，代表了不同的生产组织劳动作业区，这是其一；其二是护城河的河底有意留取了一定的堤埂和高差，这是为枯水季节管理和调节水位而设置的。这样的工程显然有严密的组织和规划设计，否则是不可能做到的（图69）。

油子岭文化时期的城头山，是城头山城池进入发展的第三个阶段，迎来了城头山的鼎盛期。城内的空间规划也大为改观：生活区、公共活动区、宗教祭祀区、作坊区、墓地等都发生了变化。原来作为墓地与宗教祭祀区的东部被一些零星建筑所取代，城的北部则被开辟成墓地。墓地的安置比较讲究：它是选择在一处略高坡地的西端最先埋坟，然后按照一定的秩序由西向东依次埋葬。城的中西部则是生活居住区，密集分布着大量的建筑遗存。

划城岗墓地更是直接反映了当时的社会组织。据研究，划城岗聚落的墓地分为南北两个小区，每个墓区分为南北两群，一群之内有若干东西并列的墓列，这些墓列可以根据时间的早晚和排列情况归纳成若干墓组。南北墓区之内的墓群及墓群内各个墓组的年代与时间幅度大致相同。从这些情况判断，两个墓区几乎是在同一时间开辟为墓地的。两个墓区均由西南角为起始点，由南向北埋设墓葬，一列墓葬安置满了，再从其东侧依次由南向北埋设。两个墓地，皆遵从同样的规制。这是两个家族共用一处墓地的生动例证。划城岗墓地的安置，继承了汤家岗文化以来的传统，但社会分工和分化却进一步明显，显示了社会复杂化程度的提高。

聚落？城寨？——李家屋场：

2016—2017年发掘的华容李家屋场遗址发现了壕沟及墙垣，建筑遗存发现很少，但揭示了一处完整墓地，清理墓葬百余座，出土随葬器物近千件。墓葬分布密集，有一定的排列规律。多数墓坑不清楚，推测为长方形竖穴土坑墓。个别墓葬随葬头骨，可能有猎头现象。墓向基本一致，可能有合葬墓。随葬器物从几件至十余件不等，一般放置在墓葬西北端。随葬器物以陶器居多，一般墓葬随葬1—3件石器。石器一般不与陶纺轮、陶环同出。墓地出土的30余件石钺在湖南尚属首次。石钺多出自位于坡顶部的墓葬，一般横置平放于墓葬中部，少数斜置或竖置，刃口一般朝向墓葬一长侧边（图70）。钺在史前一般作为武器使用，是军事和权力的象

第六章　南蛮向化　夷夏相融——湖南史前文明化进程 | 105

图69
城头山西南城墙剖面图（油子岭文化为三期城墙）

图70
李家屋场遗址两座随葬石钺的墓

征。李家屋场遗址的发掘，揭示了油子岭文化进入湖南的关键阶段。从空间位置上看，李家屋场遗址正好处在澧阳平原和汉东地区两大文化区的交界地带，无疑是双方碰撞的前沿阵地。从聚落的墙垣、环壕和墓地，墓葬特点及建筑生活区迹象不明显等特征做综合考察，主持发掘的尹检顺认为，可初步判断该遗址不是一般的农耕聚落，很有可能是一处军事据点，而且有着鲜明特点，包括：一是遗址位于核心文化区边缘地带，地理位置具有边哨性质；二是遗址外围有明显的防御设施，其功能具有城寨性质；三是墓地发现大量具有武器性质的石钺，当与部落冲突引发的战争有关。可以说，李家屋场遗址是油子岭文化向南扩展的产物，并再次验证了这支文化在洞庭湖地区自东往西扩展的清晰路线。

油子岭文化影响至湖南，是强势文化的进入，从其进入速度和规模来看，甚至可以用"势如破竹"来形容，迅速取代这里原来的大溪文化。油子岭文化在湖南的出现到底反映了什么样的历史真实？是外来人群直接入侵带来了外来文化，还是本地人员主动接受了外来文化？是需要认真思考的问题。前述汉东地区在距今5700年前萌生的油子岭文化，是一支多文化因素融合、吸收、创新而产生的强势文化，其生产力水平较高，先进的生产力必然对生产关系产生作用，促使其上层建筑的社会形态发生变化。油子岭文化是一股蓬勃的新生力量，不可阻挡地席卷两湖地区。西逾汉水，直驱峡江，北溯汉江而上达襄阳。荆门龙王山与宜城顾家坡墓地见证着这个文化的不同凡响。

龙王山墓地位于湖北荆门子陵铺，地处汉水西岸，属秦岭大巴山余脉向江汉平原过渡的丘陵地带。2007年在此发掘墓葬200余座。该墓地是长江中游汉水流域所见同时期单座墓葬中随葬品最多的墓地，不仅墓圹大，而且随葬器物丰富。墓葬随葬大量陶器，但只发现1件石斧。部分墓中随葬有玉器，主要器形有璜、环、璧、坠、管及其他玉饰件。少数墓中还用猪下颌骨随葬。从墓葬随葬品的数量看，仅M132一墓中就出土器物260件，是长江中游同时期单座墓葬中一次性出土器物最多的[①]。

顾家坡遗址位于湖北宜城市南约5千米处，2000年秋到2001年春对该遗址进行发掘，清理出房址、灰坑等遗迹。200多座墓葬的发掘披露了重要信息，这批墓葬以单人葬占绝大多数，也有多人合葬，且多为二次葬，即由异地捡骨重新进行埋

---

① 湖北省文物考古研究所、荆门市文物考古研究所、荆门市博物馆等：《湖北荆门龙王山新石器时代墓地发掘简报》，《江汉考古》2008年第4期。

葬。有大量的猪下颌骨用于随葬。该处墓地突出特征有二：一是有一定数量的多人二次合葬墓；二是在男性墓葬中随葬有大量的石钺和骨镞。有研究者认为顾家坡墓地正好处在中原与江汉平原两大文化区的交界地带，文化的冲突非常明显，可能是部族战争的前沿地带，因此，这批墓葬的主人可能是战士[①]。

洞庭湖地区在大溪文化中晚期，大约距今5600年前后，社会的发展似乎有些滞后，这个时期的城头山虽然还能看到一些大型建筑和陶窑作坊，但并没有任何突出表现，一度鼎盛的大溪二期城墙的墙头堆满了垃圾，暗示这个社会败相已露，洞庭湖区大溪文化800年似乎已经快走到尽头了。与此相比，汉东的油子岭文化则是一股充满活力的新生力量，以前所未有的势头四面出击，不久就占据了洞庭湖地区。这样的占据不是和风细雨，而是急速侵入，油子岭文化是在很短的时间内就取代了原来的大溪文化，使这里的面貌焕然一新。新的文化很快在这里扎下根来，并且迅速壮大。现在还没有证据对这种变化的方式做出恰当评估，正如前述，我们不知道对于洞庭湖地区而言，是主动还是被动接受外来文化，与之对应的是，是外来文化的主人占领了这里，还是这里原来的人们乐意接受新的文化。不过，从种种迹象来看，极有可能是汉东地区油子岭文化的人们迁居和占领了洞庭湖，这里原来的人们要么接受新的人群和文化的到来，并接受被其同化的现实，要么反抗而被驱逐到远方（图71）。

距今5500年前后，湖南进入油子岭文化新时代，一扫大溪文化晚期的那种迟滞之风而重现活力。这个时期的洞庭湖地区，特别是澧阳平原得到了极大开发，新来的人群要么利用原来的城池，要么开辟新的领地。油子岭文化的人们占据了城头山城池，并继续使用和开始大规模地营建，将城头山城池的面积扩大了很多，这是对旧有土地和资源的继续利用。另外一种就是开辟新的领地，比如前面提到的李家屋场，完全是在油子岭文化时期才开辟成为一处新的聚落。不仅如此，还沿河流逆行，进入沅水河谷地带，如怀化中方县高坎垅遗址就发现了油子岭文化的遗存。

高坎垅遗址：

遗址位于怀化市中方县新建乡牛眠口村小沙河南岸的二级台地上，1984年发掘，清理墓葬48座。遗址第4文化层为油子岭文化遗存，打破或叠压第4文化层的第一组墓葬亦为油子岭文化遗存。其出土陶器的制作工艺为轮制，陶器中泥质陶

[①] 贾汉青：《从顾家坡墓地的发掘看史前时代文化交叉地带的部落冲突》，《华夏考古》2004年第4期。

1

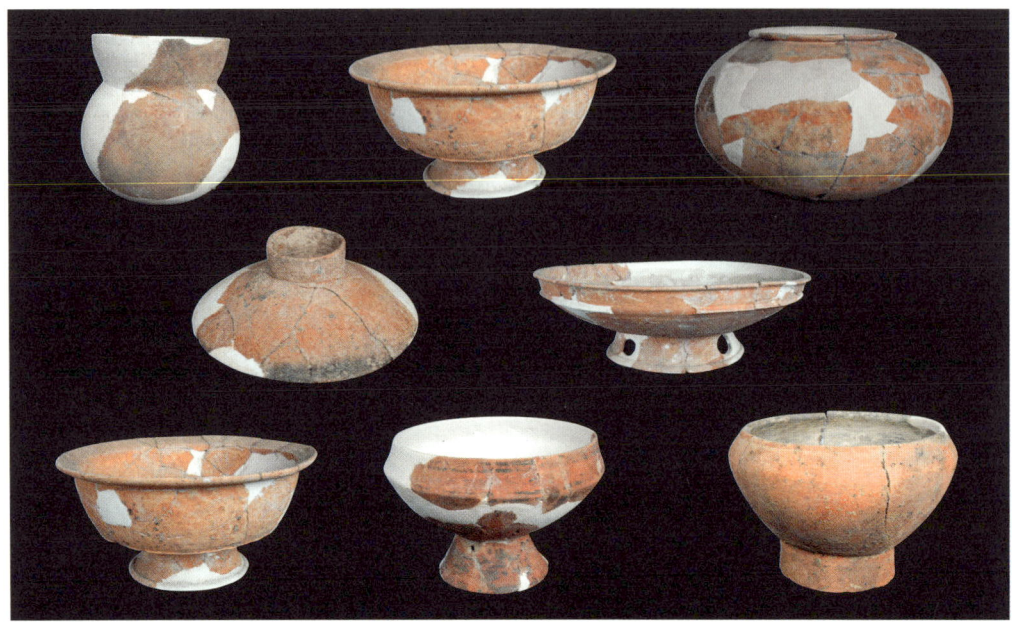

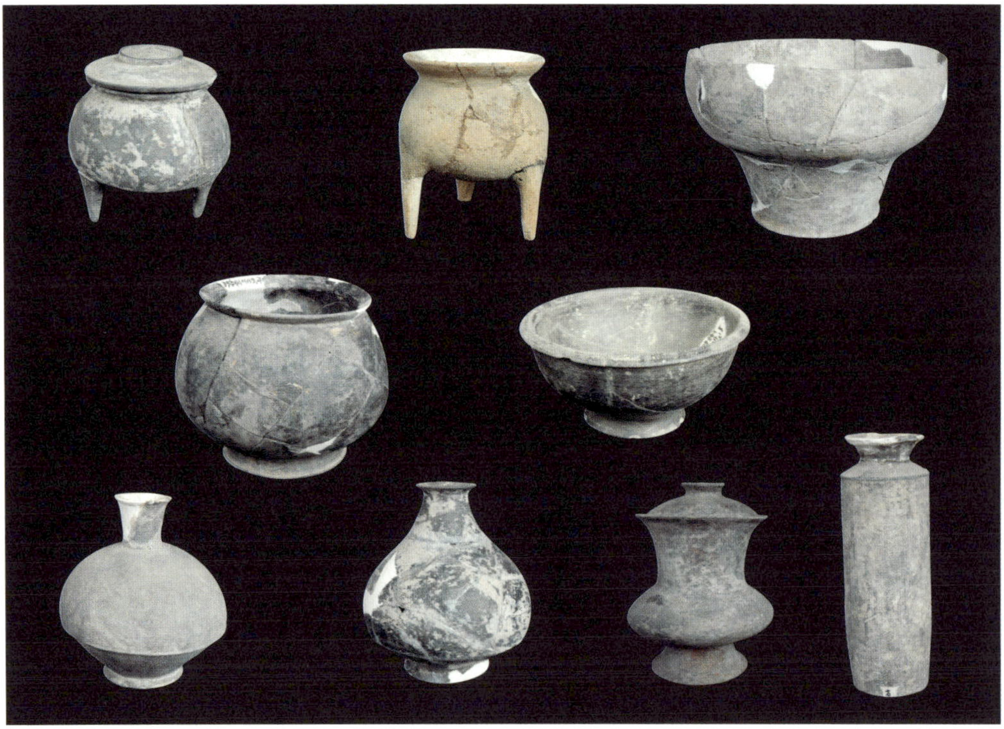

2

图71 城头山遗址大溪文化与油子岭文化陶器比较

1. 大溪文化 2. 油子岭文化

第六章 南蛮向化 夷夏相融——湖南史前文明化进程 | 109

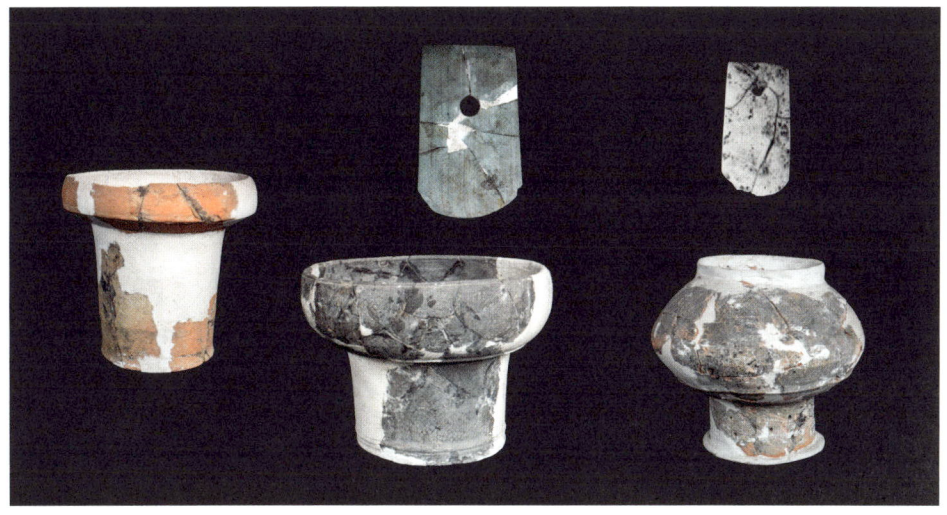

图72 高坎垅遗址出土器物

占75.7%，夹砂陶为24.2%。依陶系分，泥质灰陶占37.9%，泥质红陶占21.7%，泥质红胎黑皮陶占14.1%，泥质黑陶占2%，夹砂红陶占20.4%，夹砂灰陶占3.8%。器物表皮多抹光素面，器形有釜、簋、曲腹杯、罐、豆、杯、盆、瓮等。墓地沿河岸布置，48座墓中都有随葬器物，一般随葬5—10件。其中，M24随葬器物最多，达24件，包括生产工具、生活用具和装饰品三大类。质料有陶、石、玉三种[①]（图72）。

油子岭文化时期的湖南，已经在洞庭湖地区实现文化统一，包括聚落布局、内部空间功能划分、墓地安置，以及器物制作的工艺和使用功能等，均达成了统一风格，这使人不禁联想其背后的社会运作形式，或许已经具有了某种统一的制度，意味着洞庭湖一带形成了统一集中的社会文化共同体，有其相应的组织系统和机构。有人称之为酋邦，也有人称之为部落联盟，不过这两种称呼都是西方传来的。中国古代对于部落，称为"种落"，对于城与城壕聚落群所形成的团体称为"邦"或者"国"，对于其首领则称为"长"或者"君"。油子岭文化时期的社会是否已是典型的酋邦或邦国，以及其社会运作机制与管理方式如何，就目前的考古材料而言，还无法做出准确判断。从中国新石器文化区域进程而言，油子岭文化时期所具有的

---

① 湖南省文物考古研究所、怀化地区文物工作队：《怀化高坎垅新时期时代遗址》，《考古学报》1992年第3期。

城池规模、聚落等级和墓葬分化程度,都表明当时社会复杂化程度具备了早期国家的基本要素,古老而又神秘的三苗古国在氏族部落的簇拥下呼之欲出。

二、屈家岭——石家河文化时期的湖南

距今5200年,又一个新的时代来临,这个时代的文化是屈家岭—石家河文化,最鲜明的特色是出现了城池群,宣告一个以城池群为社会集团的时代已经到来。

油子岭文化实现了两湖地区的文化整合,并形成两湖经济文化共同体,奠定了长江中游统一的文化格局,为一个新时代的到来奠定了基础。

大约在距今5200年,长江中游的文化发生变化,由油子岭文化过渡到屈家岭文化,促使这种变化的基本原因是社会生产力获得空间发展,物质财富积累到相当的程度,长江中游也开启了前所未有的一统化趋势,于是,各地出现了声势浩大的筑城运动。据统计,目前已经发现属于这个时期的20座城池,相信这一数字在不久的将来还要刷新。

考古工作者的田野探索,不断有新的城池被发现,新发现对于认识当时的社会文化起着关键作用。在此情景之下,学术界面临的问题是要仔细地去打开每一座城池的大门,去探究其结构、性质与功能,了解其兴废过程的具体细节,寻找群城时代的经济技术、社会组织和精神文化,揭开城池兴废的根本原因。比如,人们为什么要建造城池,是谁建造了城池,谁在坐镇指挥?人们又为什么会心甘情愿地听其指挥和驱使?还有,城池为什么会废弃?是什么原因导致曾经高度发达的城池沦为一般村落?这会给我们带来什么样的经验与教训?诸如此类的问题,将是今后的研究中应该引起重视的。

从油子岭文化过渡到屈家岭文化,是一个自然平稳的过程,就像家族的传宗接代一样,因此它们的很多因素都是有传承的。屈家岭文化之所以和油子岭文化从考古学文化上分开,是因为文化在发展过程中出现了一些变化,淘汰了一些旧的东西,出现了一些新的东西,考古学文化的"器物组合"发生了变化。虽然从考古学文化上可以看出文化的标志物——陶器群发生变化,但人还是那拨人,聚落没变,城也没变,只是聚落和城的数量已经大规模增加了。

城头山城池北部的墓地可以较为完整地复原从油子岭文化到屈家岭文化的变化情况。该墓地是油子岭文化时期开辟的,最先埋葬的位置是靠西一片岗地的坡上,这批墓葬按照一定的排列方式安置,这种方式多是基于墓主人的血缘家族关

系，墓葬的随葬品较为平均，有数件陶器。后来，这里陆续埋葬了新的墓葬，是沿着坡地往东延伸，新埋的墓葬在随葬品方面有了一些变化：一是随葬的陶器越来越小型化、明器化和程式化；二是器物形态与组合有了新的变化。虽然有了上述变化，但整体而言，屈家岭文化是油子岭文化的延续，文化谱系没有发生根本变化，文化过程也没有中断。通俗来说，就是一群人继续在此生活，只不过所使用的某些物件和用品不同罢了（图73）。

图73　实施保护展示工作中的城头山墓地

屈家岭文化的由来：

关于屈家岭文化的来源，韩建业认为其与大汶口文化有关，他将屈家岭文化早期的主要陶器种类分为三组。A组包括凿足小罐形鼎、圈足弧腹碗、彩陶壶形器、彩陶薄胎杯、甗等，基本上都能在屈家岭下层那类黑陶遗存中找到渊源，只是形态有所变化。颇具代表性的双腹豆、双腹碗也大致属于此组，只是变化幅度更大了一些，而且豆的比例较大溪晚期大为增加。此组构成文化的主体。B组包括高领罐与双腹盆形鼎，在大溪文化中没有传统，只在晚期有个别类似器物出现，但在北部南阳盆地青龙泉仰韶文化一类的遗存中却有不少同类器，只是盆形鼎尚未形成双腹，因此，该组器物的出现可能与青龙泉仰韶文化一类遗存的影响有关。C组包括尊与高柄杯，不见于大溪文化，但却是大汶口文化极具特色的器皿。虽然屈家岭文化是以A组从大溪文化发展而来的因素为主体的，但C组来自大汶口文化（前期）的因素却处于一种特殊地位。A组多为日常生活的必需品，C组则与意识形态有更多联系，C组器的出现正暗示了屈家岭文化形成的原因[1]。也有观点认为屈家岭文化是分布在长江中游的油子岭文化在受到仰韶（秦王寨）文化南下发展和大汶口文化持续西进的影响下，内部相互融合，在油子岭文化的基础上融合汉水中游地区朱家台文化的因素，同时吸收了大量大汶口文化因素和少量仰韶（秦王寨）文化因素，加以改造、重组而成的。屈家岭文化的各地区类型的成因则是在这一前提下，各自承袭各地文化传统或受周边其他文化因素影响而形成的[2]。从澧阳平原的情况来看，从油子岭文化到屈家岭文化，陶质、陶色没有变化，陶器组合及形态在继承的基础上有所创新（图74）。

群城闪耀的长江中游，是史前中国第一波城镇化浪潮的象征。屈家岭文化时期的湖南，称得上是史前最为发达的时代。这个时期，在洞庭湖北部的澧阳平原和澧水下游，同时有四座城，分别是澧县城头山、鸡叫城，华容七星墩，南县卢保山。这四座城各有特色。

城头山是最古老的一座城，它的城池始建于大溪文化早期，在油子岭文化时期进行了加筑扩充，到屈家岭文化一期又进行了一次加筑，成为四期城墙，形成了最后的规模。屈家岭文化时期的城头山发现大批居住建筑，在城的中西部发掘出一大片建筑基址，这些建筑在样式上多采取方形院落、套间的形式，用烧土垫筑地面——这是长期以来洞庭湖地区的建筑传统。各建筑分布密集但并非杂乱无章，建

---

[1] 韩建业、杨新改：《苗蛮集团来源与形成的探索》，《中原文物》1996年第4期。
[2] 单思伟：《屈家岭文化研究》，武汉大学博士学位论文，2018年。

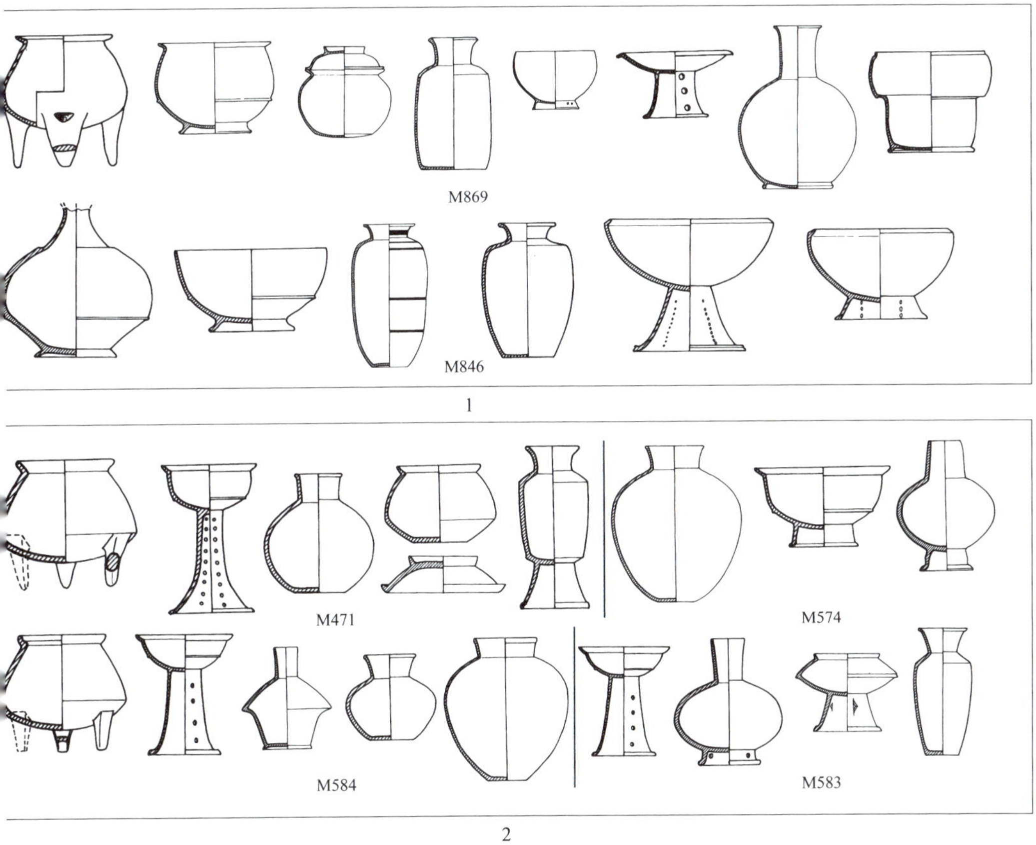

图74 城头山油子岭文化与屈家岭文化墓葬出土陶器比较
1. 油子岭文化 2. 屈家岭文化

筑之间有道路,道路的两边是排列的房子,道路相交的一端有大型高台建筑,面积比一般建筑大很多,显然是具有公共建筑的功能。

城头山屈家岭文化时期建筑:

编号为F87的一座建筑遗迹,属台基式建筑,其东与另一组台基式建筑以散水沟相隔,台基北边有与基脚相平的红烧土路。F87坐北朝南,门道系从南墙中间南折,伸出长1.95、宽1.15米的突出形入口,方向184°。该建筑基址的平面呈方形,室内宽7.7、进深8.2米,面积63平方米。建筑的基本做法是先垫筑一个约50厘米高的台子,然后在台子上开挖基槽,在基槽里埋设柱子。东、北、西三面基槽外1—2米处各有一排柱子,形成回廊。室内面积三分之一左右的后部,有用红烧土筑造的宽2.6米的土台。土台两端向南拐角,沿东、西墙各有一宽1米和1.5米的红烧土筑造土台，均高0.8米。东、西两段南墙内，也各有一红烧土台，宽0.7—0.9米，高0.8米。室内其余部分为低一级的平地。后部土台上，有9个柱洞，加上其他部位，室内共计13个柱洞。室内的红烧土台筑造紧密，可能是放置具有特殊意义物品的处所。其南的"凸"字形空间，面积约35平方米。该建筑基础和柱洞以上部分均已残缺，无法了解其上部建筑的概貌，但从柱洞排列及地面遗存情况可以推测，其是木骨泥墙、四面坡并带有廊檐的建筑形式。综合F87宽大的墙体规模、单独的封闭型建筑风格、外有廊檐的特殊设置、东西高度对称性和室内大面积无隔墙等一系列特征，发掘者推断其应是一处"礼仪"性质的建筑（图75）。

城头山屈家岭文化时期的墓地是在原来油子岭文化墓地的基础上继续沿用的，只不过埋墓的位置逐渐往东移，墓葬非常密集，层层叠压在一起。墓葬的大小悬殊，随葬品也多寡不一，多者达百件以上（编号为M425的墓葬有随葬品103件），少者仅有数件。这种墓葬的埋葬方式说明这处墓地已经成为城头山的公共墓地，是打破了家族和血缘的纽带，成为城内开辟出来的专门墓葬用地，因此，才会出现密集埋葬和复杂的叠压打破关系。此外，墓葬的随葬品多寡悬殊，说明财富或身份有差别，表明地位和等级不同，因此，社会的分层还是比较明显的。不过这些

图75　城头山F87复原图

不同地位的人仍然埋在同一个公共墓地，表明其分化还不是很严重。当然，是否历史的真实情况就是如此，还说不好，或许存在单独的贵族墓地也未可知。考古发现往往是信息不全和零碎的，存在很多未知数。考古发现了的，即可以肯定其存在；考古没有发现的，也不能轻易否定其存在。

前述城头山第四期城墙和护城河建造的时间是屈家岭文化一期，第四期城墙和护城河的建造需要耗费巨大的劳动力，其城墙宽度在20米以上，高达2—4米，护城河宽度达到40—50米。可以推测，最后一次加建城头山城池时，一定是倾全城之力，甚至是全城加城外周围聚落之力来参加这项工程建设的。

大抵同一时间，另外的城池也在修建。

鸡叫城是崛起于城头山东边的一座新城，位于城头山东北方向的涔水南岸，距离城头山13千米。这座城的始建年代在距今5000年前后的屈家岭文化一期晚段，建城之前这里是一处环壕聚落。相比城头山周边的环境，这里海拔更低，地表更平。这里在油子岭文化时期还是较为低洼的地方，聚落的东南边就是湖沼水乡，到屈家岭文化时期水面萎缩，湖沼才渐渐成陆，因而形成了大片开阔的平地，非常适合稻作农业的发展。由此推测，鸡叫城出现的客观原因是这里的环境更适合稻作农业的规模性经营，鸡叫城在某种程度上就是稻作农业发达的具体表现。鸡叫城的建设不仅仅是单一的城池，而是将这里建成一个发达的稻作农业城池系统。鸡叫城在开挖护城河的同时，还利用原来的自然河流水系，开辟了很多水渠，这些水渠与护城河及河道形成可以连通的系统。在鸡叫城的东北和西北平行排列着很多条水渠，可能就是人工开凿的。这些水渠宽度在10—20米，水渠之间的间隔约200米，中间的空地应该是当时的水稻田，这些水渠围绕城和护城河呈向心状分布，护城河外围还有两道环壕，形成围绕城墙的三条环形水道（最外一重未闭合），均与外围水渠相连，利用鸡叫城西北高、东南低的地势，形成完整的水利系统。这是目前所发现的中国最早的三重环壕体系和水渠系统，是史前湖南对中国城壕起源与发展、中国水利的产生与发展、中国稻作灌溉农业的产生与发展所做出的杰出贡献（图76）。

鸡叫城的城内发现有大型建筑遗存。在城的西部，靠近城墙的地区，原来是油子岭文化时期环壕。环壕淤积后，开始沿环壕外围建造城墙和护城河，其年代与北城墙的修造大致同时或略晚。与此同时，在淤满后的早期环壕内侧开始建造房屋，建筑活动颇为频繁。经过一段时间以后，约在屈家岭文化二期早段，即距今4800年前后开始垒筑台基，台基上建造房子。台基经多次扩建和修补，台基上的房址也有多次建造行为。房址的墙基分为基槽红烧土墙和基槽木板墙两种，其中以基槽木板墙为特色的木构建筑尤为突出，木构建筑发现多座，以F63规模最大，保存

1

2

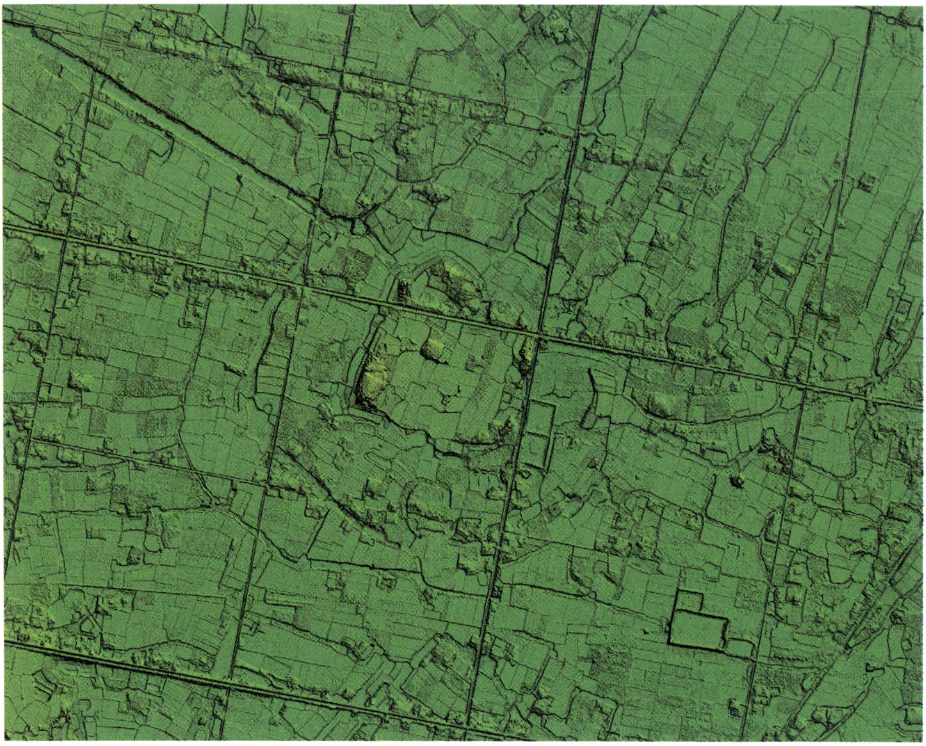

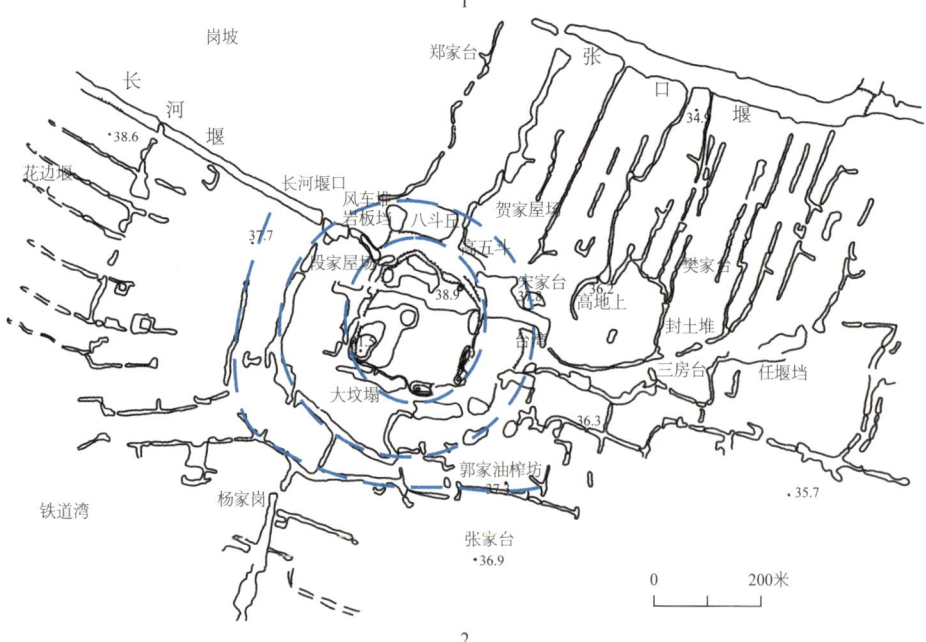

图76 鸡叫城及环壕水渠

1. 地表数字模型 2. 平面图

最好，其完整的木构基础得以整体揭露，由主体建筑和外围廊道组成。主体建筑外墙基槽呈长方形闭合，方向202°，长42、宽10米，室内建筑面积420平方米，加上廊道，总面积超过600平方米。从东到西面阔五间，除第3、4间各有前后两室外，其他三间均为一室（图77）。主体外墙及每间的隔墙均是先在台基上开挖基槽，基槽内铺木板，基槽打破台基。外墙基槽西部打破早期环壕淤泥层，东部打破早期地层。主体外墙基槽开口宽1—2.6、底宽0.5—1.5、深1—1.2米。基槽内铺设木板，木板宽0.42—0.46、厚0.1—0.13米，长度一般为5米左右，最长者可达8米，有的木板边还可见抬板时留下的绳索痕迹。木板上立柱，部分保存较好，木柱极为考究，以直径约0.5米的半圆形大木柱为主体，间以长方形小木柱，并在转角处以四分之一圆木作为转承，以保持外立面的平整。木柱与垫板间未见榫卯，但木柱上除位于西南转角位置的木柱为一个穿孔以外，其余均有两侧约45°的斜穿孔。穿孔以上20—40厘米处均已朽毁，仅保留腐泥柱痕。隔墙基槽开口宽度多为0.5—1.6米，隔墙底板亦多叠压于主体外墙底板之上，板上所立木柱明显小于外墙木柱。推测外墙与隔墙基槽木柱突出台基地面后将基槽填实，木柱再开孔架梁，柱间立板形成墙壁，梁上铺板形成室内地面。F63整体结构应是地台式加干栏式的木构建筑。经取样检测，F63年代为距今4700年左右。

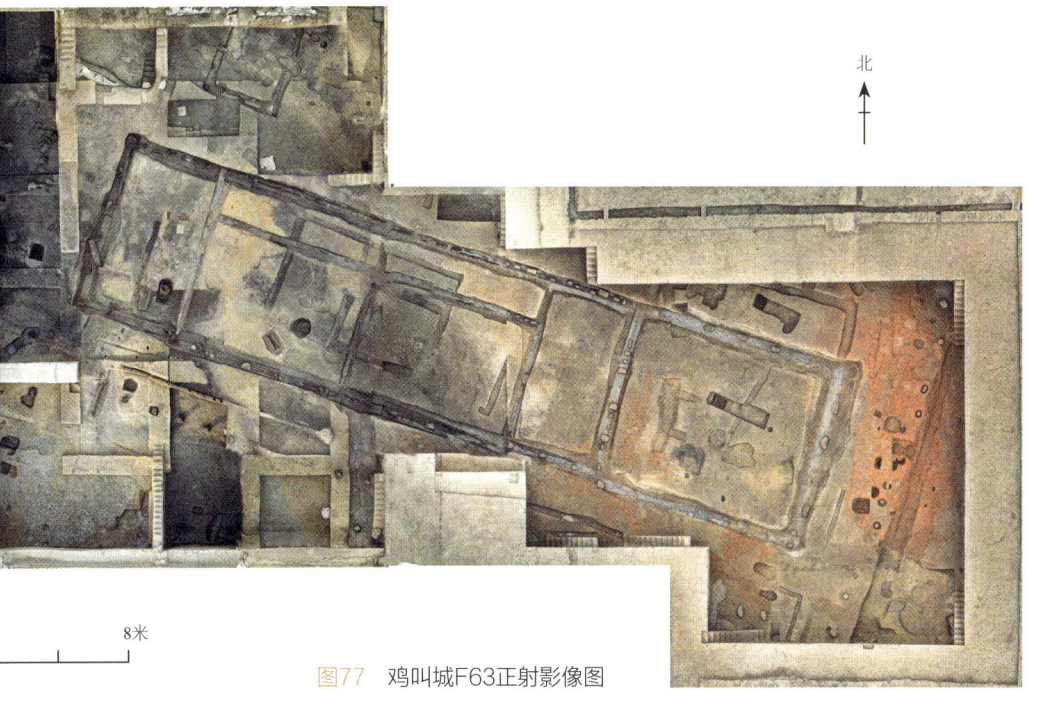

图77　鸡叫城F63正射影像图

图78　七星墩遗址外城墙发掘剖面图

七星墩古城遗址位于华容县东山镇，因其上有七个高出地表5—8米的大土墩而得名。该遗址位于东山河入长江口附近大荆湖的低岗上，直线距离长江不到10千米。2018—2019年，湖南省文物考古研究所对七星墩遗址本体及其周边地区进行了较详细地钻探和发掘工作，对七星墩遗址的范围、城垣和壕沟结构、文化堆积厚度、功能分区等基本情况有了大致了解。考古工作结果显示，七星墩遗址由内外两圈城、壕组成，内城呈圆角长方形，不含壕沟的城内面积约6万平方米，东垣中部和南垣中部各有一处水门。外城平面结构近圆形，含壕沟面积约25万平方米，东垣中段有一水门。内城和外城的始建年代均为屈家岭文化一期，^{14}C测年数据距今5000—4900年。七星墩城址形制特殊，内城呈圆角长方形，外城近圆形，这种"外圆内方"的双城结构在长江中游地区属首次发现，为探讨长江中游地区史前城址的形制功能、发展演变等提供了新的资料（图78）。七星墩的周围，在大荆湖一带还密集分布着三十多处同时期的遗址。

卢保山古城遗址位于益阳市南县南洲镇，西临南茅运河，北距县城500米。遗址地处洞庭湖区腹地一处比周围高出1—4米的台地上。台地原来有几个分片的地块，分别定为几个不同的遗址点，后来通过全面调查发现，这些地块实际上是相连的，认为其应该是一个独立的大遗址。2019年对该遗址进行考古调查与发掘，发现了城墙、城壕，城址面积约10万平方米。北部城墙有一处缺口，显示出城墙宽度约20、高度约3.4米。通过对遗址西部城墙的解剖得知，这里原来也可能是一处环壕聚落，城墙的墙体建造在早期环壕之上，环壕里出土的都是屈家岭文化遗物，因此推测这条环壕的使用和废弃都应该不晚于屈家岭文化时期。城墙的内坡上叠压着石家河文化早期的堆积，由此推测城墙的建造年代在屈家岭文化晚期或石家河文化早期，但因出土遗物较少，相关的测年也未进行，因此，卢保山古城始建的绝对年代还需最终确认。

上述四座城池修建或加筑的年代，城头山第四期、鸡叫城、七星墩均在屈家岭文化一期，卢保山的年代虽未最后确定，但推测也可能在屈家岭文化时期。这说明，湖南地区屈家岭文化的出现是以大规模修筑城池为标志的。

长江中游目前已经发现的史前城址有20座，湖南4座，其余16座都发现于湖北地区，湖北长江以南区域有石首走马岭，公安清河、鸡鸣城，这三座城与洞庭湖区几座城的空间距离都很近，相互之间不超过50千米，长江以北的13座城大致呈半月形分布在江汉平原的后缘山前地区，而非江汉平原的腹地。湖北地区史前城址年代较早者为天门龙嘴、石家河小城（谭家岭）和石首走马岭，始筑年代为油子岭文化。石家河大城、城河古城的始筑年代在屈家岭一期晚段，其他城的始筑年代还未最终确定，大致也不出油子岭—屈家岭文化时期，这说明长江中游自大溪文化城头山最先筑城以后，兴起了一轮声势浩大的筑城运动，这个运动是伴随着油子岭文化的兴起，以及油子岭文化整合长江中游并向屈家岭文化演变过程中出现的，其出现的时代是油子岭文化，繁盛时代是屈家岭文化。这20座城的形态并不一样，有的圆形，有的方形，有的有多道城壕和城墙，有的在城外还有土台和土堤，意味着这些城的建设多是因地制宜，充分利用了城池所在的环境和地势，灵活多样（图79）。

长江中游史前古城兴建的原因，不少研究者都指向防洪，认为这些城池的修建与抵御洪水有关。不可否认，城池的修建固然与水有关，任何城池都有防洪、排涝之需。但是，若将造城的原因单纯归于防洪，未免太过简单。第一，聚落选择近水乃是稻作农业的特点，是因为有洪水之患才不得已修筑河堤和城垣，而不是特意选择易患洪水之地建城，其因果关系是非常明确的。实际上，长江中游古城在选址时就考虑了防洪问题，因此，均建在海拔略高的大河支流阶地后缘的山前岗地上，为洪水泛滥不易波及之处。第二，如果建造城池是专门为防洪之需，那又如何看待城外大量的普通村落？毕竟，城池的数量只是少数，大量的是无城池的普通聚落，且更有位于低海拔位置者，这些聚落亦非数年或数十年的短期行为，又怎能与洪水之说相符？稻作农业之显著需求是水，稻作农业必然处在水陆相间，聚落的存在，城池的存在，其首选之考量便是要旱涝保收。因之，在选址之际就会考虑水旱问题。第三，关于洪水，长江中游距今5000年前后，考古未见大洪水迹象。倘有大洪

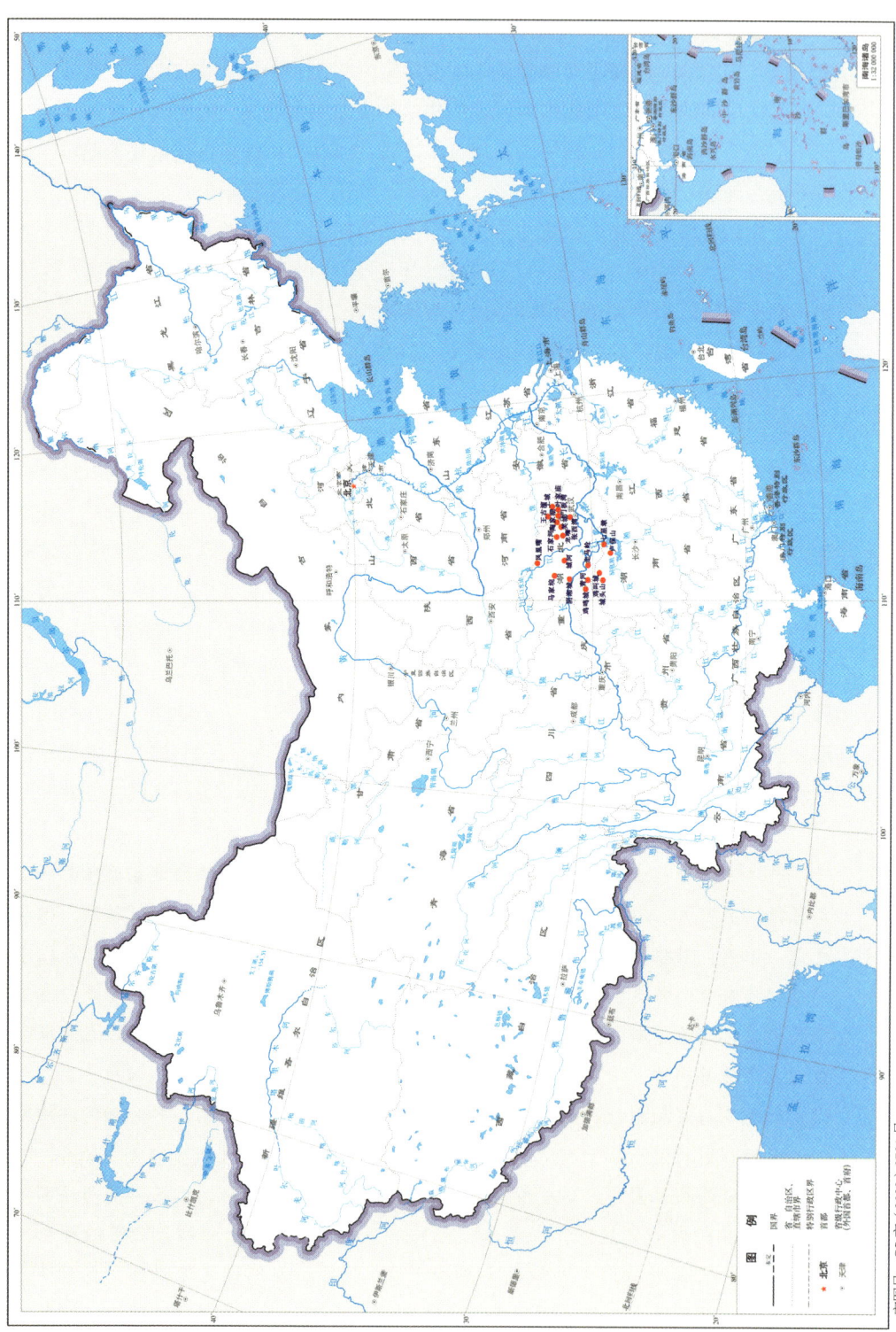

水事件，必然造成社会动荡不安和民生凋敝，这与长江中游距今5000年前后群城并立、经济和文化快速发展的现实不符。

屈家岭文化具有辉煌的创造力，也有强大的影响力。稻作农业已经具有相当发达的水平，鸡叫城城池及其外围水利系统显示出稻作农业所达到的新高度。发达的稻作农业是社会财富积累的基础，也是衡量一个社会生产力水平的标志。生产力的高度还体现在城池建设的工程技术水平、建筑物的形态与方式、物质用品的制造与加工技术等方面。

屈家岭文化的建筑具有相当高的水平，澧县城头山的建筑群落设计与布局体现着当时人们的精细化管理。鸡叫城F63超大型木构建筑的建造，木料加工与运输显然需要相当发达的技术运用。应城门板湾遗址还发现了用土坯建造的房子，其墙体用土坯砌筑，墙面用稻壳泥抹饰，设置了走廊与落地窗，体现了高度发达的建筑水平。在器物制作和生产方面，屈家岭文化陶器已经采用了快轮制作，氧化焰烧制，窑内渗碳工艺。最为进步的是薄胎彩陶杯和壶，胎薄，胎上有陶衣，陶衣上彩绘，彩绘使用晕染法。彩陶纺轮也是屈家岭文化最具特色的人工制品之一，其上有许多精美的彩绘纹饰，纹饰可能是特殊意义的表达，也体现了纺织技术的进步。屈家岭文化的编织技术发达，门板湾建筑中发现室内地面有编织的席垫，谭家岭遗址建筑物内也发现编织的芦席。在多处遗址的壕沟中都发现了这个时期的芦席，说明作为手工业技术的编织业已经相当发达。屈家岭文化遗存还发现了漆器，阴湘城遗址的壕沟里发现了钺柄，柄的两端有髹漆和装饰花纹，均以褐漆为地，花纹为几何形，刻于首端，花纹的凸出部分髹黑漆，握手处前后髹红漆。这件钺柄制作讲究，表面髹有三色漆，并有饰纹，当是阴湘城酋长之类人物的用品（图80）。七星墩遗址也发现了这个时期的漆碗。

图80　阴湘城出土漆木钺柄现场

图81 邓家湾遗址出土筒形器

屈家岭时代的精神文化也非常丰富，石家河城池发现了一种筒形器，造型奇特，并不是日常生活所使用的器皿，发掘出土时能观察到有的筒形器就是套接在一起的，出土筒形器的附近往往还有祭坛一类的遗迹，因此，许多研究者都认为这一类筒形器是宗教祭祀用品（图81）。

屈家岭时代的社会组织已经进入相当严密的体系，城池和周围聚落构成的社会集团显然需要统一指挥和协调，社会成员的分化应是一种常态。因此，在建筑、墓葬等方面都看到了明显的社会分化，这种分化在财富和社会地位等级等方面均有表现。荆门城河古城发现了大片集中的屈家岭文化时期墓地，以大墓为中心，可将其分为数个墓区，每个墓区都有大墓，大墓周围有一些中小型墓。城河王家榜墓地M112是迄今为止发现的长江流域规模最大的新石器时代墓葬，见证了这个时期日趋明显的社会复杂化和文明化程度。

城河王家榜M112：

位于城河古城王家榜墓地中部，叠压于第2层下，局部被M233打破。为长方形竖穴土坑同穴三室合葬墓，方向187°，墓圹东西长5.95、南北宽4.1米，面积约22.4平方米。距现存墓口深1.25米处出现3个平行的南北向墓室，以生土梁隔开。3个墓室的形制均呈长方形竖穴土坑状。填土中集中填埋数件带盖陶容器。中墓室较大，长2.9、宽1.6米。东、西墓室长2.6—2.9、宽0.85—1.05米。每个墓室内各放置一口独木棺，棺已腐朽，但痕迹清晰，棺盖板坍塌明显。中墓室的独木棺体形粗大，最大直径达1.5米，棺盖板折裂下陷。棺外西侧随葬暗红色板状器物，推测为漆盘。棺内可见人骨，但移位变形明显，经鉴定为成年男性，头向朝南；人骨右手处出土象牙器1件，右下肢骨下方随葬玉钺1件，刃口向西；人骨两侧及上部可见大量磨光黑陶豆，人骨下方可能存在横板或其他设施，下压大量带盖浅盘豆和薄胎敞口杯，均为磨光黑陶。东、西墓室的独木棺直径分别为0.6和0.8米，棺内亦随葬玉钺和陶豆等器物，玉钺的刃口亦向西。除此之外，西墓室的棺盖顶部还放置猪下颌骨1副（图82）。

屈家岭文化时期的湖南和长江中游，是一个极具扩张性的社会，其最突出的表现是北上中原。南阳盆地原来是中原仰韶文化的地盘，当屈家岭文化挥师北上，南

图82　城河王家塝M112

阳盆地便首当其冲，屈家岭文化的到来有如破竹之势，很快就将南阳盆地占领，并以此为据点继续北上，文化影响辐射至中原腹地，波及大河上下，并翻越中条山，进入晋南。向东则进入海岱文化圈，直抵大汶口文化的腹心地带。向东南覆盖鄂东地区，并通过大别山的山间孔道进入豫南。往西则溯长江而上，据有三峡地区，一路向西，进入四川盆地，该区域的宝墩文化就吸收了某些屈家岭文化的因素。往西南则进入沅水河谷地带，达到怀化一带。往南，湘江流域中上游虽不是屈家岭文化的分布区，但影响明显，其文化因素也传播至南岭地区，并沿南岭以北的湘赣闽浙走廊进入闽江上游和环太湖地区，留下少许踪迹。不过，整体而言，屈家岭文化北上中原是当时的历史大趋势，距今5000年前后，中原地区接受各方力量的影响，成为竞技舞台，南方族团北上体现了当时的社会文化和政治大背景。

屈家岭文化北上：

屈家岭文化由汉东地区沿汉水而上，到达宜城、襄樊、房县一带的鄂北地区。越过大洪山、荆山向北，到达随州、枣阳地区，逾西与前支汇合进入南阳盆地的豫西南。向东则到达大别山脚下的麻城、罗田一线，越过大别山的山间孔道进入豫南。其势力占据豫南和豫西南后，就敞开了向中原、关中传播的大门，唐白河流域和丹江流域的原始文化直接被取代。不久之后，屈家岭文化势力便以豫西南为据点，逐渐对周围地区施加影响，沿丹江到达丹江上游的商县、庆原一带；向北则翻过伏牛山，由"方城缺口"到达中原地区的汝颍地区，锋芒所指，直抵洛阳、郑州一线的伊洛地区和黄河中游两岸,并渗入晋南地区的曲村附近。屈家岭文化越过湖北到达豫西南地区,较少地表现为融合,而呈现为取代的趋势。一种文化不发生强烈碰撞是很难发生取代作用的,因而屈家岭文化取代当地仰韶文化则应伴有较大规模的人口迁徙。而后,屈家岭文化对其他地区的影响则是文化因素的影响,而非人口的迁徙[1]。

三、石家河文化时期的湖南

石家河文化是长江中游地区新石器时代继屈家岭文化之后的又一支考古学文化,年代距今4500—4100年,分布范围遍及长江中游,大致与屈家岭文化的分布范围一致,在南边还有所扩大。突出的例子就是湖南湘乡岱子坪遗址,这里原来的一支文化——岱子坪一期遗存,大体与屈家岭文化同时,虽受到屈家岭文化的影响,但不属于屈家岭文化的范畴,而是继承了原来的堆子岭文化,并受到赣江中游史前文化强烈影响而出现的一支文化类型。这暗示自大溪文化开始,湘江流域,特别是湘江中上游地区有自身的考古学文化传统,这个传统表现的是其与东方、南方有更多的联系,即与江浙皖赣的长江下游及岭南地区联系较多,因此,在岱子坪一期遗存中发现了太湖地区良渚文化、赣江地区樊城堆文化和粤北石峡文化的因素。

石家河文化以强大的攻势,取得了湘江流域的控制权,这个区域很多地点都发现了石家河文化遗存。在岱子坪遗址,取代原来岱子坪一期遗存的是一套新的文化遗物,遗物主要出土于墓葬,这批墓葬的形制具有明显的地方特色,随葬品在整体形态上与石家河文化相似。株洲磨山遗址、平江舵上坪遗址等也出土有石家河文化遗存。这些遗存在考古学文化性质上属于石家河文化,但也有一定的地方特色,学术界倾向于将这个区域作为石家河文化的一个地方类型(图83)。

洞庭湖地区则完全是典型的石家河文化分布区,从这个区域石家河文化的面貌来看,屈家岭文化的很多因素被继承下来。墓葬随葬陶器及葬俗表明石家河文化延续了原有的传统,陶器仍保持了屈家岭文化以泥质灰陶为主的特点,但红陶比例大大增加。很多器物的形态是屈家岭文化的自然延续,但也出现了屈家岭文化所没有的新器物,这种变化,一方面说明了二者之间的渊源关系,另一方面也说明了新因素可能来自外部。有学者做过研究,认为石家河文化的新因素主要来自中原、山东一带的大汶口—龙山文化,也有某些因素来自长江下游的良渚文化(图84)。

---

[1] 孟原召:《屈家岭文化的北渐》,《华夏考古》2011年第3期。

第六章 南蛮向化 夷夏相融——湖南史前文明化进程 | 125

图83 岱子坪遗址出土陶器

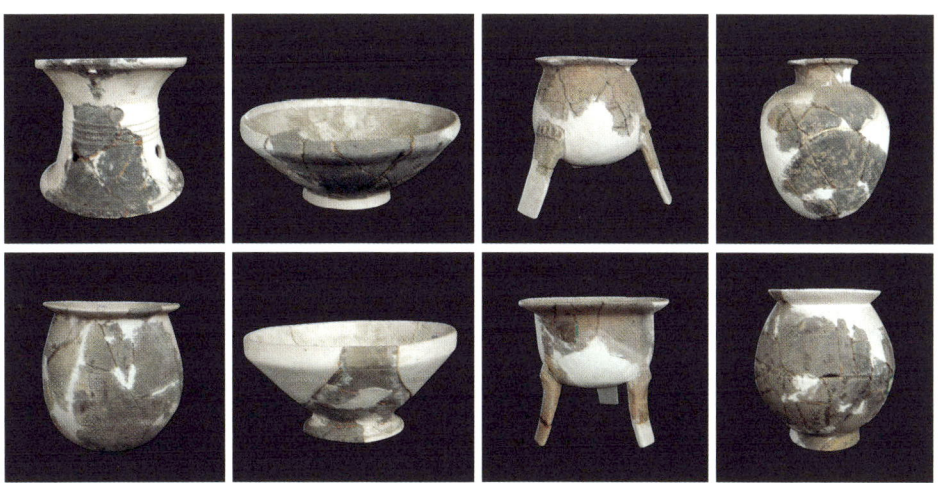

图84 临澧太山庙出土石家河文化陶器

那些城池，已经在湖湘大地矗立数百年之久的城池，此时仍在继续沿用。鸡叫城还在这个时期进一步扩建，有证据显示，鸡叫城第二次筑城是在石家河文化一期，大约距今4500年前后。此时，在鸡叫城的周围形成了数十个聚落，这些聚落的主体年代为石家河文化时期。聚落的急剧扩张是石家河文化时期的一个鲜明特点，以澧阳平原为例，石家河文化时期聚落的数量呈现出大幅度增加，这种增加的方式是剧烈的和爆发式的。屈家岭文化时期已经确认的聚落数量是63处，石家河文化时期猛增至192处。另外，除少数遗址是在原有基础上发展变化外，大多数聚落是新出现的，不少低海拔地区和河流一级阶地上都发现有这个时期的遗址。澧阳平原石家河文化时期除了中心聚落进一步扩大，形成聚落群外，另外一个特点就是出现了大量的面积较小的新聚落，这些小型聚落的出现使得澧阳平原成为长江中游史前聚落密集度最高的地区，小聚落的出现也意味着聚落分化出更多的小型单位，新聚落的人们从原有聚落分离出来，暗示原来牢固的血缘纽带进一步解体。石家河文化时期是高度发达的稻作农业经济，稻作聚落社会具有稳定的特点。稳定的社会自然会促进人口增长，人口的增多必然导致聚落的扩大或者聚落分化。在这种情况下，社会结构发生了明显变化，一方面，以小型聚落为基础，意味着分解成更小的社会组织单位；另一方面，超级聚落丛群出现于鸡叫城地区，标志着比以前更大的社会组织单位的出现。这一大一小的两极分化，使社会结构更加趋于复杂化（图85）。

洞庭湖地区石家河文化的聚落分布较广，常德、益阳、岳阳等市、县的许多地点都有石家河文化遗址。从已经调查的情况来看，澧阳平原是石家河文化聚落最为集中的地方。除此之外，益阳资水下游两岸也是石家河文化遗址较多的地区，从益阳市资阳区、赫山区、沅江市、南县的情况统计，资阳区2处、赫山区44处、沅江市12处、南县15处；岳阳市所辖洞庭湖区域的几个市、县的石家河文化遗址也不少，其中岳阳县12处、湘阴县5处、汨罗市5处。常德市汉寿县石家河文化遗址点17处、鼎城区41处、安乡7处。仅七星墩近年的田野调查就发现围绕古城外有30多处同时期遗址，是一个典型的城壕聚落集群。由此看来，洞庭湖地区到了石家河文化时期，已经成为聚落的繁盛之地。

石家河文化时期，洞庭湖还没有形成宽广的水体，水域面积不大。湘、资、沅、澧四水各自注入长江，因而洞庭湖区仍为河网交织、湖沼较多的平原景观。遗址即分布在临河的阶地或靠近湖沼的低矮岗地上。七星墩就是一个突出的例证，这个遗址群靠近长江，长江的摆动在这里形成大型的水泊湖沼，当时的聚落即散布在

第六章　南蛮向化　夷夏相融——湖南史前文明化进程 | 127

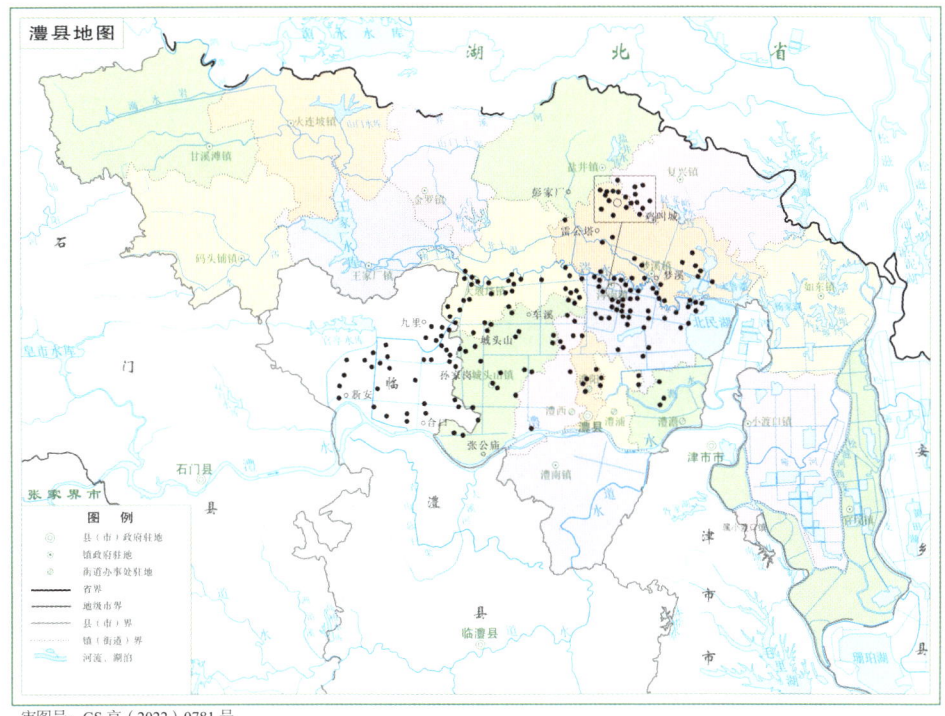

图85　澧阳平原石家河文化遗址分布示意图

临近湖沼的小岗地上，几乎每一处岗地都有聚落的分布，进而形成以七星墩为中心的绵延数十平方千米的大型聚落群，并且有高大的台基。在南洞庭湖，遗址也居于河流阶地的沿岸。泽群关山遗址南距资水约5千米，现为一望无际的洞庭湖平原，当时应该是资水的一级阶地，遗址所在的"关山"，是高出周围地面2—3米的台地。新兴遗址为洞庭湖平原的后缘，临近低丘的所在，原来也是一处小岗地。石湖遗址在资水支流志溪河一级阶地的沙土台地上，整个台地为河沙冲积而成。聚落的分布与河流和水源构成不可分割的联系，这是史前稻作农业社会以水稻为主，兼及渔猎等多种经济成分的实际反映。

　　石家河文化时期的长江中游，进入了一个比屈家岭文化更为发达、强盛的时期，这主要表现在原来的城池继续使用，并在规模上有扩大之势。考古发现这个时期的遗址数量较之屈家岭文化时期不止翻番，而是增加了好几倍，说明聚落和人口都有大规模地扩张。石家河文化时期社会财富已经有相当的积累，在石家河地区三房湾遗址，发现了分布密集的红陶杯，数以万计，这是一个专门生产陶杯的地方（图86）。这种陶杯的功能应该是一种酒具，如此多的陶杯集中生产，其显然是作为一种特定产品而存在，不仅仅供应本地，还要销往他处。两湖甚至豫南很多遗址

图86 三房湾遗址出土陶杯现场

图87　车轱山遗址石家河文化龙窑

都发现过这种陶杯，形态和样式高度统一，应该就是来自三房湾这个生产地。陶器生产的专门化和产业化促使整个时期的陶器烧造技术获得迅速发展，华容车轱山遗址还发现了双排龙窑，这种龙窑形态为中国目前发现最早的龙窑（图87）。

  石家河作为当时长江中游地区最大的城，其范围足有120万平方米，如果加上周围的数十处聚落，其城池聚落群面积达8平方千米。以城池为中心聚集一批聚落的这种模式成为长江中游石家河文化聚落社会的基本形态，城池和周围聚落显然是一个个以城为中心的社会集团。这些社会集团都与石家河城池聚落群存在某种关系，很多地方都发现了来自石家河的特殊物品，比如彩陶纺轮、陶塑动物、筒形器、带刻划符号的陶缸。这些特殊物品对于石家河而言，既是具有特定宗教功能的物品，也是作为表征威信而流向外地的物品。这种物品的流通是单向的，即由石家河向外流，而不是从外面流向石家河，这也充分说明了石家河古城在长江中游所具有的中心地位。

四、邦国与族属

  著名考古学家李伯谦先生指出，石家河文化时期已由屈家岭文化时期的酋邦古国进入王国阶段。他列举了数项证据：如聚落分化明显，大型、特大型聚落已经出现；大型、特大型聚落周围出现了设防的壕沟和城墙；出现了大、中、小等级墓葬的分化；手工业专业化现象明显；出现可专门储藏粮食的仓储设施；出现大型宗教祭祀中心；出现了象征专用兵器的首长执诫刻划图像；出现了具有象征意义和寓意的刻符或曰"原始文字"。他通过这些证据认为石家河文化时期的长江中游已经进入王国阶段。

李伯谦先生认为：

中国古代文明化历程经历了三个重要阶段：一是从社会复杂化到古国诞生；二是从古国向王国转化；三是从王国到帝国建立。从考古发掘的材料看，距今6000多年以前的社会是基本平等的。从距今6000年前后开始，不平等现象陆续出现，这就是社会复杂化。社会复杂化表现为贫富开始分化，一个氏族部落中某些成员的权力开始凸显。为了占有资源，不同部落之间开始发生冲突和斗争等。从许多遗址呈现的面貌看，其社会发展阶段显然已进入社会复杂化高级阶段，也就是古国阶段。社会复杂化后一步一步向王国社会转化。对于王国社会，已知的最早标本是距今5300—4300年前的浙江良渚遗址，其重要标志就是强制性权力高度集中和膨胀。从良渚文化开始，一直到秦始皇统一，中国都叫作王国阶段。王国阶段还可以划分为几个小阶段：良渚文化是王国阶段的第一个小阶段；夏、商两代则是第二个小阶段；进入西周便开始了第三个小阶段。此后，秦国崛起，秦始皇完成了中国的统一，标志着从王国到帝国的转变[①]。

进入王国，最显著的标志是出现了"王"。王居于万人之上，享有绝对的权威。但是，长江中游的众多城池，到底是一种什么样的情况呢？各个城池聚落群都有自己的王，还是只有石家河有王？石家河的王是否又为众王之王？从目前已经发现的情况来看，石家河城池比一般城池的等级和地位要高许多。这从城池的规模、明确的空间功能分区、专业化的作坊、特殊物品的存在、文化要素的集中和引领等多方面都具有明确的证据。如果石家河古城出现了王，那么体现王的存在的标志在哪里？换言之，如何给"王"下一个清晰且物化表征明显的定义？这仍然是无法做到的。数十年来，石家河城内外都进行过一定的考古发掘，但还未找到可能是王的身份标志性遗存。当时虽然城池规模巨大，社会也有明确的复杂化，但人群之间的分化似乎并不太严重，这主要体现在没有明确的身份标示物，如大型宫殿式建筑、高等级墓葬和随葬品等。屈家岭—石家河社会还没有发现良渚文化那样的高等级贵族墓地，也没有发现明显权力标志的遗物和遗迹。当然，没有发现并不意味

---

① 李伯谦：《中国古代文明化历程的启示》，《人民日报》2015年3月6日第7版。

着不存在，相当多的证据可以推测当时应该是有王的。多种迹象显示，石家河地区已经成为整个长江中游的核心，如果存在一个以各城池聚落群为单位的长江中游社会共同体，那么这个共同体的核心人物显然是居住在石家河城里的。

这个时期的湖南，是否已经纳入石家河的政治管辖，倒也未必。湖南地区同时存在四座城池，还并未看到这四座城池是否与石家河具有一定的政治统属关系，推想它们之间或许并不存在隶属关系，而只是一种较为松散的同盟，存在隶属关系的可能仅局限于城池及其周围的聚落。因此，本人更倾向于当时还只是一种以城池为核心，聚集着周围数十处具有一定血缘关系的聚落所组成的城壕聚落群，这种城壕聚落群就是一个相对独立的社会单位，结成了政治经济上的社会集团，这样的社会集团有城池，有乡村，构成了明显的城乡结合。人群之间有分化，有等级，但分化并不十分严重，血缘纽带还很清楚，尚未出现压迫和统治的关系，因此，这种社会集团的阶层矛盾还不是很突出。这样的社会集团或许就是远古中国所谓的"邦国"。中国古代文献的记忆性描述中，对于这种情况多笼统称之"邦""国"，但并没有对其做出准确界定。《尚书·尧典》："百姓昭明，协和万邦。"《周易》："王三锡命，怀万邦也。"《左传·哀公七年》说："禹合诸侯于涂山，执玉帛者万国。"《史记·五帝本纪》说黄帝"置左右大监，监于万国"。帝尧之时"百姓昭明，合和万国"。说明从黄帝到尧、舜的所谓"五帝"时期，"邦"与"国"者甚众。这些邦、国，应该就是较小型的社会集团，这些集团大多数可能都建城立邦，有的甚至可能连城郭都没有修建，就形成了邦。这样的社会集团的基础仍然是血缘，由具有某种血缘关系的人群组成邦或者国。因此，司马迁说"自黄帝至舜、禹，皆同姓而异其国号"。这样的邦、国的人数可能不多，也就是数千甚至上万人的规模，占据的空间范围也应该是不大的，顶多也就百十平方千米。

由此而言，当时长江中游的湖南、湖北应该有很多的邦、国，这些"邦、国"很可能就是以城池为中心形成一个个相对独立的社会集团，这些社会集团内部应该都有一定的血缘关系，社会集团之间也应该有远亲血缘关系。从广泛分布于这一地区的考古学物质文化遗存的相似程度来看，跨血缘的社会—文化网络已经形成，甚至在某种程度上也结成了一定的联盟，以至于从外部来看或许就是一个城邦共同体，在族属上也可能被广泛称为同一个族系集团。

距今5000—4000年前，长江中游这样的族群或族系集团在中国古史文献中，被称为苗蛮。著名史学家徐旭生先生考察中国古史传说时代时，将我国古代部族分为三大集团：华夏、东夷与苗蛮。他指出，华夏集团发祥于陕西黄土高原，在有史以前已经渐渐地顺着黄河两岸散布于中国的北方及中部的一部分地方。东夷集团所居住的地域，北自山东北部，西至河南东部，南至安徽中部，东至大海。苗蛮集团的中心在湖北、湖南两省。东以大别山为界，包括江西的大部，北越南阳一带，至熊耳、外方、伏牛各山脉间，以北邻于华夏集团，西及南部地界还很难说。我们认为，以屈家岭—石家河文化的分布范围而言，苗蛮集团东部还越过了大别山，达到豫南的淮河上游，南部则到了南岭北侧，西部包括了三峡地区，这样的范围才是苗蛮集团的真实分布区域。

　　按照徐旭生的说法，苗蛮集团里最有名的部族叫三苗氏，又叫苗民。苗、蛮二声当系阴阳对转，古字同音同义。三苗的地域，《战国策》《战国策·魏策》说"昔者三苗之居，左有彭蠡之波，右有洞庭之水"。《史记·五帝本纪》载"三苗在江淮、荆州数为乱"。这些记载大体都说明了当时长江中游这个地区可能存在的族群，大体与屈家岭—石家河文化的分布范围相符。上古文献中记载湖南地区先秦族群，有三苗、南蛮、蛮夷、夷越、杨越、蛮越之称，比湖北更加复杂。在上古文献记载中，"夷越"是从苗蛮、东夷集团中晚出的族系，伴随着中原文化的南下而逐渐进入华夏历史的记忆之中。总体而言，湖南以雪峰山为界，西部可能主体属于苗蛮，东部似乎更多与夷越或百越有关。这些族群的源头当可追溯至屈家岭—石家河文化时期，甚至更早，但这些都只是非常模糊的认识，无法将其一一澄清。

第七章

鸟兽文彰　凤翥龙翔

——三代文明中的孙家岗谜团

> 高阳乃命玄宫，禹亲把天之瑞令，
> 以征有苗。
> 四电诱祗，有神人面鸟身，
> 若瑾以侍，搤矢有苗之祥。
>
> ——《墨子·非攻下》

时间到了距今4000年前后，湖南走进了另一个时代，这个时代的出现，与距今4000年前中国辽阔大地上发生的许多重大事件有关。

大约在此之前的一段时间里，即早于距今4000年前的百十年或二三百年的时间，中国新石器时代的文化格局发生了很大的变化，曾经辉煌一时的王国或者古国文明之光黯淡下来：东北地区曾经辉煌的红山文化退下了历史舞台；太湖地区良渚文化高度发达的玉文明消失；精美黑陶、丰盛葬仪的海岱地区大汶口—龙山文化走向低谷；长江中游屈家岭—石家河群城并立的邦国竞逐浪潮平息；原来较为沉寂的中原仍然在按部就班、不温不火地往前走。不过，在中原腹心的北部和西部，燕辽地区—北方地区—西北地区—西南地区这一半月形地带逐渐兴盛，彻底改变了新石器时代的传统文化格局。北京大学张弛教授指出，这一改变与欧亚青铜时代全球化的形成同时发生，成为旧石器时代晚期以来中国乃至东亚历史上前所未有的一大变局，影响之大目前还难以作出充分而合理的评价。

距今4000年前后，在今陕北、晋西北、内蒙古自治区南部的河套地区，一系列石城如雨后春笋般出现，其中最著名者当为陕西神木石峁遗址，这是迄今为止发现的中国规模最大的新石器时代城址，面积达400万平方米。其考古发现多次刷新学术界对于中国史前文明的认知。这个城址发现了内外两重城圈，发现了建造极为讲究的城门，有瓮城及精美壁画的建筑，城墙有马面，墙体内插入玉器。城中有气势雄伟的皇城台，这个城台外坡用石块和石条砌筑，石条和石块上还有精致的雕塑图像。大量的乐器、卜骨、陶鹰、骨针、骨梳、麻布、纺轮、箭镞、海贝、玉器也被发现。用惊世大发现来形容石峁城址的考古成果一点也不为过。这个发现的背后，反映的虽然只是一个时代和一个地区的情况，却与整个中国新石器时代末期的宏观

图88 石峁外城东门门址

背景有关（图88）。与石峁前后时间存在的，还有晋南的陶寺城址，这个城址也有非常重要的考古发现，比如大型墓葬、宫殿、文字、观象台、铜器、石磬等。这个城址应是代表了一个辉煌的文明存在。但是，后来却消失了，有人认为摧毁陶寺文明的，可能就是来自河套一带的石峁高地族群。

距今4000年前后，长江中游新石器文化面貌发生了较大变化，石家河文化中出现了不少外来因素，空三足器陶盉、斝的传入尤为特别，与之一同而来的则是一群全新风格的陶器。外来文化的风格特征源头非常明确，是来自中原地区王湾三期文化的煤山类型。煤山类型主要分布在嵩山以南的颍河、汝河流域，南至平顶山，西到栾川，其东大致在京汉铁路附近。以颍河上游的登封、禹州地区和北汝河上游的汝州、汝阳为中心。以汝州煤山、禹州瓦店、登封王城岗、新密古城寨、郾城郝家台和新密新砦等遗址为代表，出现了一些规模较大的城址。其文化层堆积较厚，遗址面积较大，遗迹、遗物丰富，代表了中原华夏文明的一个重要类型。煤山类型中大量文化因素渗入长江中游，造成原有文化进程格局发生了明显变化，促成了长江中游一个新的考古学文化——肖家屋脊文化的诞生。

肖家屋脊文化是以湖北天门石家河城池一带的肖家屋脊遗址命名的，该遗址在

20世纪80年代进行考古发掘，出土了一大批文化遗存。考古工作者发现这类遗存在石家河地区的新石器文化序列中年代最晚，简单将其归入石家河文化晚期。随着工作的深入，同类遗存出土增多，才发现这类遗存与石家河文化有明显区别，因此学术界提出了"后石家河文化"的概念，亦即明确了这类文化的性质不同于石家河文化。后来，鉴于肖家屋脊遗址发现的这类遗存非常丰富，又具有典型特征，于是有学者根据考古学文化命名的原则，提出了肖家屋脊文化。从考古学文化而言，冠以"前××文化"或"后××文化"只不过是一种暂时的称呼，属于权宜之计，考古学文化之所以需要命名，乃是为了准确区分其文化的特征与性质，并对其做出时间和空间上的定位，究其本质，属于分类学的范畴。只有对考古遗存进行科学分类，并提炼出相关文化的特征，才能准确把握遗存的性质和内涵，才能有助于正确认识事物发展变化的规律。随着考古工作的展开，人们对某个文化的了解进一步加深，正式的考古学文化命名就会出现。因此，依目前情况而言，应该将这类文化遗存命名为肖家屋脊文化（图89）。

肖家屋脊文化的年代距今4200—1850年，该文化的分布范围大致与石家河文化的分布范围一致，基本覆盖了整个长江中游。早先的考古发掘，由于认识不足，没有将这类文化遗存从石家河文化中甄别出来，因此，往往将其划入石家河文化。现在发现，原来的不少所谓石家河文化晚期遗存，都应该是肖家屋脊文化。

肖家屋脊文化除陶器融合了本地与中原王湾三期文化的特征之外，还有高度发达的玉器。肖家屋脊文化的玉器最早发现于石家河一带的遗址中，如1955年发掘石家河地区罗家柏岭遗址时出土了玉制的人面雕像、雕蝉、龙环、凤鸟环、管、兽首璜等。到了20世纪八九十年代，几次重要的发现都出土于墓葬中，如湖北天门六合、肖家屋脊和荆州枣林岗，湖南澧县孙家岗，这批出土玉器除孙家岗出土于土坑墓外，其余均出土于瓮棺。2010年后，石家河与孙家岗遗址区又有新的发现，石家河谭家岭遗址2017年发掘的瓮棺出土了大量玉器，孙家岗遗址2018—2019年发掘的土坑墓中也新发现了丰富的玉器。肖家屋脊文化玉器按形状可分为人神面像、蝉、龙、凤、鸟、虎、璧、柄形器、玦、环、璜、管、笄形器、坠等。玉器的制作工艺采用切割、雕琢、钻孔、打磨抛光等技术及工序，其阳文减地及圆雕、透雕和浮雕镂孔技术堪称一绝（图90）。

湖南澧县孙家岗遗址是肖家屋脊文化最典型的一处遗址，该遗址于1991年11—12月进行了第一次考古发掘，发掘墓葬32座，均为竖穴土坑墓，其中7座墓出土玉器，这批玉器有璧、璜、佩、笄、坠饰、玉祖和纺轮等，其中，颇具特征的玉器是龙凤玉佩、鹰首笄、柄形器、璜等。这批玉器与湖北石家河地区出土的玉器在风格

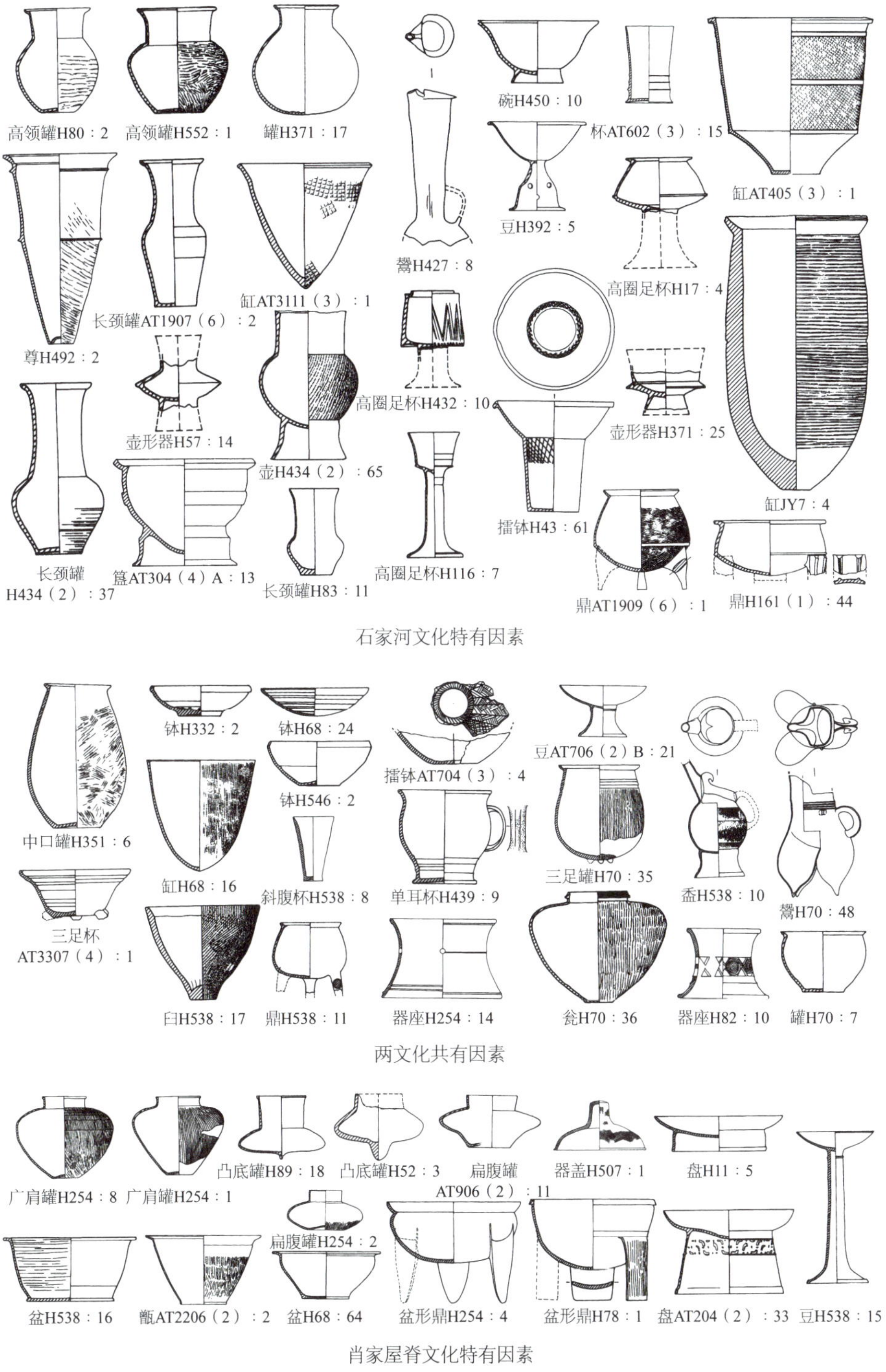

第七章 鸟兽文彰 凤翥龙翔——三代文明中的孙家岗谜团

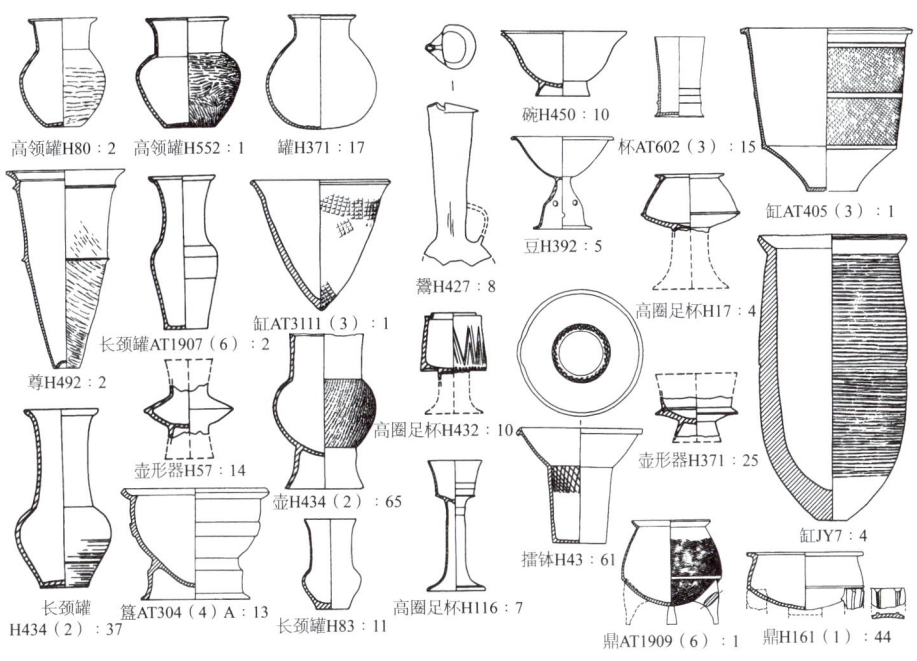

图89 肖家屋脊遗址石家河文化与肖家屋脊文化陶器比较

图90 谭家岭遗址瓮棺出土玉器

上有些差异，但整体相似。出土陶器也符合肖家屋脊的文化特征，但是孙家岗的墓葬是土坑墓，这与湖北江汉平原的瓮棺葬不一样，因此，在文化特征上可以考虑作为肖家屋脊文化的一个地方类型——孙家岗类型（图91）。

自2015年开始，孙家岗遗址再次启动考古工作，连续开展了考古调查、勘探和发掘，基本摸清了遗址的分布范围、聚落布局和文化内涵。工作显示，孙家岗遗址是一个环壕聚落，墓葬在环壕以外的东边，遗址总面积约22.9万平方米。

2016年，对遗址南部环壕与大型壕沟进行了解剖性发掘，确认该遗址文化堆积主体属于肖家屋脊文化，而系列^{14}C测年则显示该遗址的绝对年代在公元前2200—前1800年。2017—2019年，先后揭露肖家屋脊文化时期墓葬310座。随葬品见陶器和玉器，陶器多以碎器葬的方式垫放于墓底，也有少数放在棺上或填土

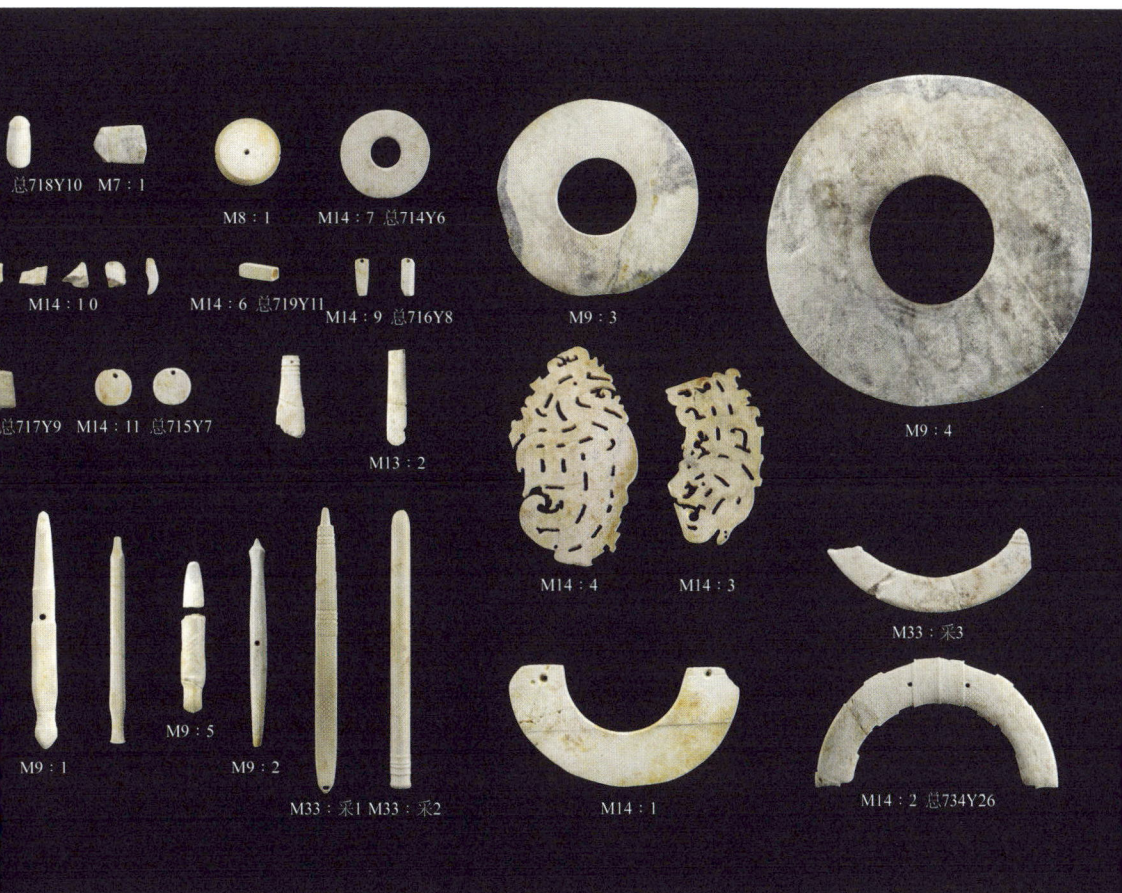

图91　1991年孙家岗遗址出土玉器

中。随葬陶器以广肩斜腹平底的带领罐为主，为泥质红陶或外表施黑衣，多饰绳纹与篮纹。其他还有圈足盘、平底钵、高柄杯、斜腹杯、壶和鬶等，盘与杯类多磨光泥质黑陶。出土玉器80余件，不少为玉器碎粒，玉质多为透闪石，因长期埋葬而白化，灰白色不透明，常见黄沁。玉器造型见虎、鹰、蝉、龟、蛙等动物形片状牌饰，还有神人面、笄、凿、珠和坠等（图92）。

图92　2017—2019年孙家岗遗址出土玉器

湖南地区发现与孙家岗类型同一文化性质的遗址还有多处，如华容车轱山遗址、七星墩遗址、西洞庭唐林遗址、泸溪下湾遗址的上层堆积中均有发现，但这些遗址尚未发现墓地，因此是否也随葬玉器不得而知。陶器的形态特征则属于孙家岗类型，因此可以判断，距今4000年前后，湖南地区存在着一支重要的考古学文化，这支文化与江汉地区肖家屋脊文化有一定的差异，其墓葬绝大多数为竖穴土坑，以独木为棺，陶器多以碎片铺底，其上再置棺木，玉器则随葬在棺内。而江汉地区肖家屋脊文化出土玉器者均为瓮棺，无一例土坑墓，这是二者的最大区别。二者的陶器形态也有一定的差异。因此，台北故宫博物院邓淑苹先生认为，大约公元前2200—前1600年，长江中游地区很可能还有高度发达的考古学文化，它与肖家屋脊文化关系密切，也擅长雕琢鸟纹、神祖面纹（神人面）的玉器作为通神礼器。她由此判断孙家岗类型可能才是解开古老神秘江汉谜团的一把钥匙。但由于目前考古发现与研究还不充分，我们暂时将其归入肖家屋脊文化的一个地方类型。

孙家岗类型的年代在距今4000年前后，其玉器极富特征，阳文减地的琢玉技术独步天下，神人面就是用这种技术雕琢而成的，笄、虎、蝉、冠饰、璜、柄形器等也是用此技术雕琢而成的。钻孔和镂空也是孙家岗类型常用的技艺，镂空在龙凤玉佩上有最好的表达，许多玉器包括神人面、笄等上面都有细小的钻孔，反映了其精湛的钻孔技术。

孙家岗玉獠牙神人面：

该神人面以片切割的玉片为地，双面雕琢，正面为阳文减地浅浮雕獠牙神人面，背面为阴刻神人面。正面神人头戴云冠，云冠从眉心以上对称分布，额上为减地对称勾云纹，两侧太阳穴减地勾云纹，左侧云尾卷翘，右侧人为截断并在截面钻一孔。眉心饰四角菱形，眉毛以卷云纹装饰，鼻梁至鼻翼为一凸棱，两侧为眼睛，睑缘亦以内弧卷云纹相交，中以阴刻单圆圈表示眼瞳。两侧脸颊饰减地卷云纹，或是一种刺青标志，尾翼与太阳穴卷云纹交联之间镂空。鼻下唇部人中凸起，双唇微翘，下颚阳线双弧，下颚与上唇之间嘴里中间饰减地四门牙，其外侧则饰上下对称的两对獠牙，上獠牙外侧下外弧，下獠牙内侧上外弧，嘴外左右各饰一减地夔龙。腮部外侧饰阳文双圆圈，中一圆孔以示耳垂穿孔，耳垂下承侧翼扉棱，与上獠牙尖处于同一横断面。上下端面磨平，上端正中钻一个圆孔，下端中部钻三个圆孔。神人面的背面阴刻图像乃是正面的摹刻，构图与刻划所表达的造型特征一致（图93）。

图93 孙家岗遗址出土玉獠牙神人面（正面与背面）

孙家岗类型玉器与肖家屋脊文化其他遗址出土的玉器一同代表了长江中游距今4000年前后人们所创造的辉煌文化，这个文化从陶器上看似有不少中原文化的因素，暗示在形成肖家屋脊文化的过程中主要有中原因素的介入。不过，从玉器上来看，完全看不到中原的因素，因为中原文化从来就没有这种因素。那么，这类琢玉的风格和技术到底是从哪里来的？

孙家岗类型之前的1000年，即距今5000年前后，中国的东方，从东北的西辽河到山东海岱，再到环太湖地区，红山文化、大汶口文化、良渚文化都有发达的琢玉技术，都留下了极其丰富的玉文化遗存，其玉器的工艺不仅是精湛技术的表现，玉器本身所表征的更是当时社会的精神文化和宗教观念。从东北到东南，一个跨地域范围出现的这种玉文化属性，曾被很多学者认为代表了中国一个独特的时代——玉器时代。但是，这个文化所分布的范围主要是东方，其他地区距今5000年前后虽然也有玉器的存在，且这些地方都有受到被誉为中国史前第三次艺术浪潮——玉文化的传播和影响，但玉器并不成为其文化的主流，在人们的日常生活和精神信仰中也并不占有主要地位。

《越绝书》引风胡子对楚王说过的一段话：

"轩辕、神农、赫胥之时，以石为兵。黄帝之时，以玉为兵。禹穴之时，以铜为兵。当此之时，作铁兵。"我们的祖先竟然说出了石器时代、玉器时代、青铜时代、铁器时代等几个与后来考古学关于时代划分几乎完全一致的看法，实在惊为天人！

第七章　鸟兽文彰　凤翥龙翔——三代文明中的孙家岗谜团

良渚文化消失于距今4300年前，孙家岗类型年代的上限为距今4200年，其玉器盛行的年代或许还要更晚一些，这样一来，孙家岗类型玉器的出现距玉器时代最晚的年代也相差了一二百年，它难道是那个曾经辉煌时代的重生？

如何看待这个问题？从琢玉技艺来说，片切割、线切割、钻孔、阳文减地浅浮雕、镂刻、抛光等，均见于玉器时代，这些并不是孙家岗类型的首创。另外，从某些玉器造型而言，如笄、璜、璧、獠牙神面等，也见于玉器时代的良渚文化，有些也见于大汶口文化。但是，孙家岗类型的玉器从形体、组合、流程到其所代表的一整套工艺技术，却是具有其自身独特的风格，而非传承自玉器时代的某一支文化。因此，从这一点来说，包括孙家岗类型在内的肖家屋脊文化玉器是长江中游的独创，它糅合了某些早期琢玉的工艺和技术因素，创造出自身的玉文化，这种玉文化具有鲜明的特征，是其精神意识的反映。

孙家岗类型的玉器与其说是玉器时代艺术浪潮的波及，倒不如说是长江中游古老的史前白陶艺术的重光。以孙家岗类型为代表的长江中游玉器文化的发达，似乎成了连接玉器时代和青铜时代的桥梁，具有承前启后之功。从孙家岗类型玉文化对后世文化的影响上来看，也确实如此。

凤鸟是高庙文化常见的图像，这类艺术也广泛影响了很多地区的文化，孙家岗遗址出土的凤形玉佩宛如古老凤鸟涅槃重生，其龙凤图像成为长江中游龙凤技术的主流。因此，从这个意义上来说，孙家岗类型的琢玉技术根植于本地古老的文化传统，是本地文化的一次伟大复兴。

在高庙文化中，兽面獠牙是其图像纹饰中最重要的部分，兽面獠牙图像作为重要的文化符号，从高庙文化到大溪文化，一直在长江中游的文化传承中得到体现。后来，兽面獠牙也在良渚文化中有所表现，其源头应追溯至高庙文化。考察其源流，我们发现，兽面獠牙一直作为文化图腾长期留存于中华文化的信仰与艺术中，从史前到商周秦汉及以后的历朝历代，其均以各种载体形式存在，一直流传到今天（图94）。

从目前考古发现来看，孙家岗类型的玉器和其文化因素，曾经广泛地影响了中国的很多文化。山东龙山文化西朱封遗址的大墓中，曾经出土过镂刻的玉冠饰，与孙家岗、谭家岭等地出土的片状镂雕配饰玉器在技艺与风格上一致。陕西石峁出土的鹰首笄，与孙家岗类型完全一致。石峁遗址曾经出土很多玉器，这些玉器的形态各异，风格也不统一，似乎来自不同的地区和文化，石峁的这种现象表明其玉器与琢玉工艺都是外来的。毫无疑问，石峁遗址发现的鹰首笄，不是参照了孙家岗类型的工艺和技术在当地制作的，就是直接来自孙家岗类型。河南汝州瓦店遗址中也出土了类似鹰首笄的器物，应该也是来自长江中游地区。孙家岗类型的神人面，也见

高庙文化高庙遗址

大溪文化优周岗遗址

大溪文化城头山遗址

良渚文化反山·瑶山墓地

肖家屋脊文化孙家岗遗址

曲沃西周晋侯墓地

溆浦马田坪西汉墓

常德郭家铺东汉墓

宁远舜帝庙宋代建筑基址

沅陵七甲坪当代傩面

图94 从高庙獠牙兽面到沅陵傩面

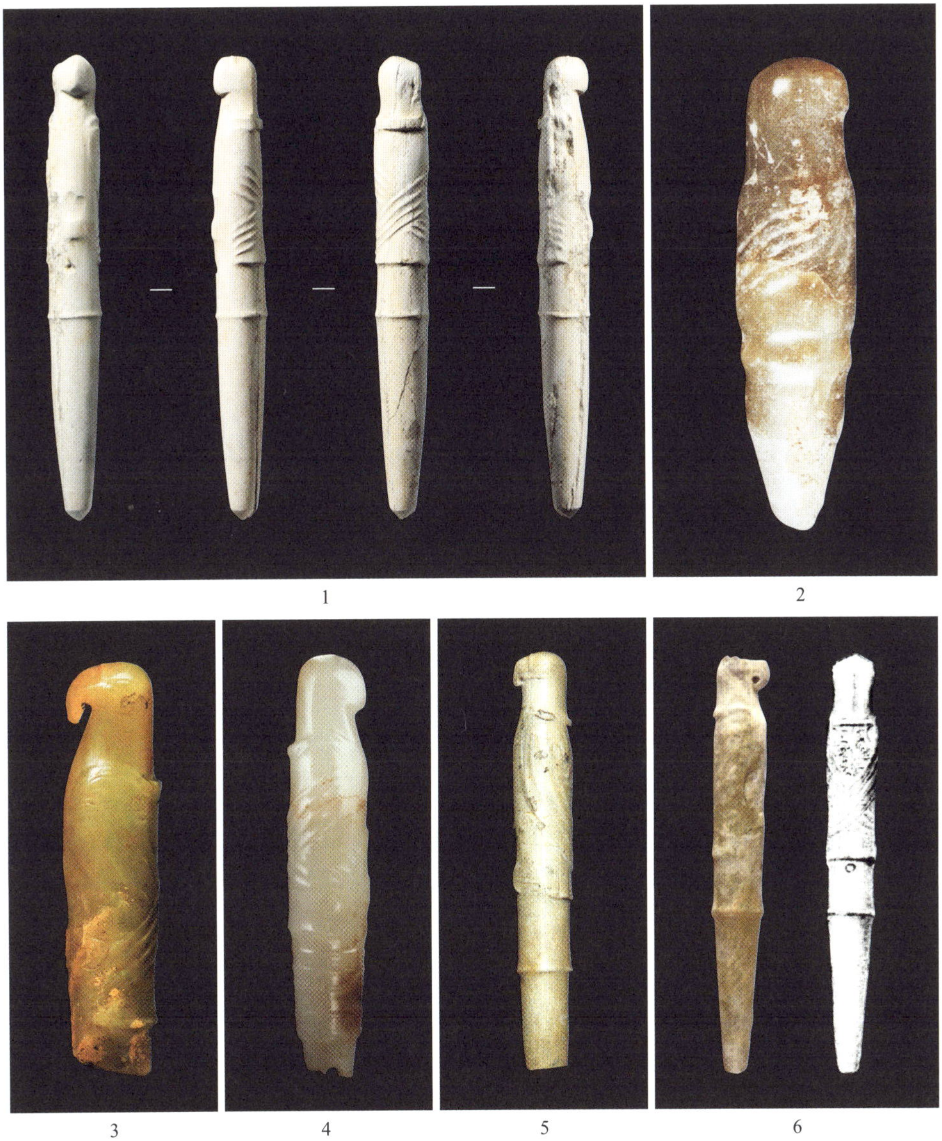

第七章 鸟兽文彰 凤翥龙翔——三代文明中的孙家岗谜团 | 145

图95 各地所见鹰首笄
1.湖南澧县孙家岗 2.河南禹州瓦店 3.陕西神木石峁 4.河南偃师二里头 5.湖北黄陂盘龙城 6.河南安阳小屯

于陶寺遗址，应该是传播所致。这是大致与孙家岗类型同时的一些地方出土玉器的情况，这些出土物在当地没有传承序列，也没有工艺传统，形态、种类也很单一，这只能说明其源头不在当地，而是在长江中游（图95）。

孙家岗类型的玉器及其风格对后世也产生了明显影响，它的柄形器见于二里头文化。此外，柄形器、鹰首笄、凤鸟形象也见于盘龙城、安阳等殷商文化中。獠牙神人面见于山西曲沃、江西大洋洲、陕西张家坡等商周遗址和墓葬中。孙家岗类型的玉蟾蜍还见于陶寺、二里头和殷墟，这些物件或完全以原物存留，或加以改制，成为后世人们生活中的某类用品而被珍藏。孙家岗的玉蟾蜍形象还见于马王堆汉墓的T形帛画中，蟾蜍在史前信仰中到底具有什么神秘意义，上古文献和人类学资料都缺乏记载。一般而言，蟾蜍象征多子多福、长生不死。月中蟾蜍的故事版本甚多，但马王堆帛画是最先将其绘于画上的，湖湘本土的基因由此可见一斑（图96、图97）。

孙家岗类型存续的时间，与中国古史文献记载的第一王朝——夏朝前期相当。夏朝之前是五帝时代，历史的记忆较为模糊。夏朝的后期，已经有考古遗址与其对应，即河南偃师二里头遗址，但夏朝前期到底对应的是哪一支考古学文化，都城在哪？至今仍然是不清楚的。

前述屈家岭—石家河文化时期的长江中游，是以三苗族群为主体的民族，古籍记载这支民族在尧、舜、禹时期都被中原华夏族所征伐，这时正是中华文明产生与发展的激荡时期。肖家屋脊文化中出现大量中原因素，不少学者都将这种情况与华夏民族征伐三苗对应起来，"禹伐三苗""迁三苗于三危"的记载确实也见于不少上古文献中。中原文化的南下导致本地石家河文化向肖家屋脊文化变迁，孙家岗类型玉器的北上或许就是迁三苗于三危的结果，这不能不说是一种神奇的对应。历史的真相往往隐藏在表面的浮光掠影之下，长江中游三苗族群到底是以一种什么样的角色和方式参与了华夏化进程，或者说，华夏文明又是怎样融合了湖湘土著文化？或许透过玉文化的传播与扩散，能够找到一些重要线索。

三苗与华夏的紧张关系发生在尧舜禹时期，三代君王都曾征伐三苗。湖南地区恰在这个时期出现了孙家岗类型，这些类型中的很多因素来自中原华夏，同时，这个类型中的很多因素又被华夏所吸收，文化的交融与互动发生在这个特定的中国诞生的黎明期，不能不说是神奇的巧合！而偏偏湖南又留下了关于舜帝传说和禹王碑。如果说禹王岣嵝碑有可能是后世所造，只能算是一种传说的话，那么舜帝南巡和舜葬九嶷的传说记忆就可能反映了某些历史的素地。它的记载非常早，至少在司马迁之前就已经出现了。比如，《尚书》里面有舜帝"陟方"的记载，"陟方"应该是表示他已经出来，在外面走，但是走到哪里，后来的史家都认为他是到了南方。《国语·鲁语》说"舜勤民而野死"，死在外地，具体方位也不是很清楚。司马相如在《大人赋》中说："吾欲往乎南嬉，历唐尧于崇山兮，过虞舜于九嶷。"然后，刘安的《淮南子·修务训》说："舜作室……南征三苗，道死苍梧。"《山海经·海内经》也说："南方苍梧之丘，苍梧之渊，其

第七章 鸟兽文彰 凤鸷龙翔——三代文明中的孙家岗谜团 | 147

山西襄汾陶寺Ⅱ区M22出土玉神兽面

江西新干大洋洲出土玉人面

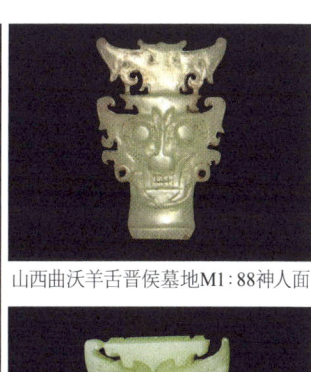
山西曲沃羊舌晋侯墓地M1:88神人面

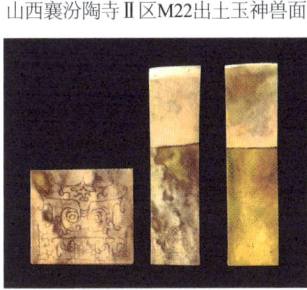
山东日照两城镇采集兽面纹玉锛

陕西长安张家坡M17出土神人面

陕西岐山凤雏甲组西周宫室基址出土神人面

山东临朐西朱封墓地出土玉冠饰

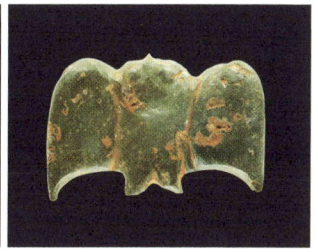
山东滕州前掌大M120出土绿松石鹰

山东滕州前掌大出土玉蝉

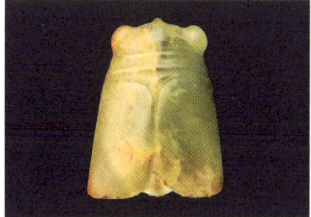
河南三门峡虢国墓地出土玉蝉

山东滕州前掌大M205出土绿松石蝉

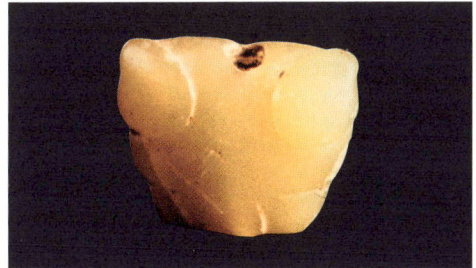
山西芮城清凉寺M87出土玉虎头

山东滕州前掌大M2出土玉虎头

图96 各地出土孙家岗类型风格文物

 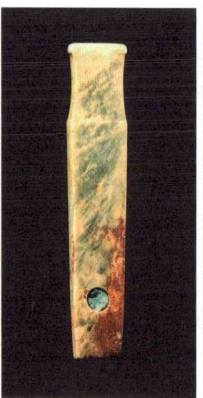 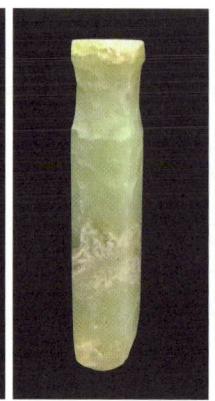 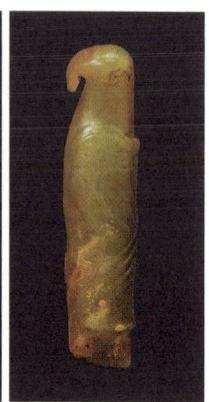

河南安阳殷墟妇好墓出土玉凤　山东青州苏埠屯出土柄形器　山东济南大辛庄出土柄形器　陕西神木石峁出土鹰首笄

河南禹州瓦店出土鹰首笄　　　　　　　河南安阳小屯331号墓出土鹰首笄

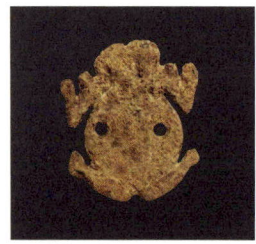  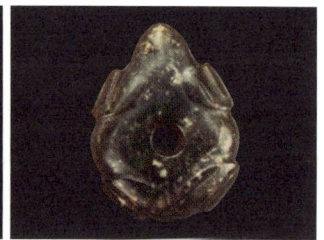

山西襄汾陶寺TG35(3)B出土铜蟾蜍　河南偃师二里头出土铜蟾蜍　河南安阳殷墟西北岗1550：49玉蟾蜍

山东滕州前掌大M201出土绿松石蟾蜍　江西新干大洋洲出土绿松石蟾蜍　湖南长沙马王堆一号汉墓帛画上的蟾蜍

图97　各地出土孙家岗类型风格文物

中有九嶷山，舜之所葬，在长沙零陵界中。"虽然《大人赋》《淮南子》的成书都在汉代，但都比《史记》要早。比这个还要早的屈原，也多次提到了舜帝和九嶷的故事，《湘夫人》《湘君》《离骚》里面多次提到了重华（舜帝）、九嶷。屈原生活在战国中期偏晚的时期，意味着在屈原之前这个故事就已经存在了。传说和记忆肯定有其真实的素地，从这个意义上说，湖南地区在早期中国形成过程中扮演了非常重要的角色。

禹最终完成了征伐三苗的任务。湖湘文化始创者之一的胡宏说："战国之时吴起有言，三苗左洞庭，右彭蠡，修政不仁，禹灭之……灭者，废其君，易其统而已。"而流散于各地的孙家岗类型玉器，或许与历次征战有关。

《墨子·非攻下》对三苗之乱和禹征三苗的过程和细节有生动描述：

"昔者三苗大乱，天命殛之。日妖宵出，雨血三朝，龙生于庙，犬哭乎市。夏冰，地坼及泉，五谷变化，民乃大振。高阳乃命玄宫、禹亲把天之瑞令，以征有苗。四电诱祗，有神人面鸟身，若瑾以侍，扼矢有苗之祥。苗师大乱，后乃遂几。"这段话暗含了很多意思，透露出很多重要信息，大的前提是当时长江中游出现了天灾人祸，动荡不安，大禹奉命讨伐。"禹亲把天之瑞令"，《说文》云："瑞，以玉为信也。把，握也。"指大禹手持信玉而来。"神人面鸟身"，即为神人面鸟身的尊神。为鸟为神，亦为神人兽面鸟身者，或是《墨子·明鬼下》所指的句芒，其造型与孙家岗类型之獠牙神人面、凤鸟玉器非常相似。"若瑾以侍"，疑为"奉圭"之误。这段话说明中原的大禹手持信玉奉命讨伐三苗，他的身边有句芒神持玉圭奉伺左右。《墨子·明鬼下》载：昔者（郑）〔秦〕穆公当，昼日中处乎庙，有神入门而左，〔人面〕鸟身，素服三绝，面状正方。（郑）〔秦〕穆公见之，乃恐惧。奔〔神曰〕："无惧，帝享女明德，使（子）〔予〕（锡）〔赐〕女寿十年有九，使若国家蕃昌，子孙茂，毋失。"（郑）〔秦〕穆公再拜稽首，曰："敢问神〔名〕。"曰："予为句芒。"肖家屋脊文化孙家岗类型的中原因素陶器和出土大量玉器或许正是这样历史的"素地"所留下的传说与记忆。有学者认为，石家河等遗址出土的肖家屋脊文化玉器中，玉神像、玉人像和玉鸟等玉器题材均与少皞氏密切相关，其中，玉人像即为少皞氏首领重，重死后被尊为东方之神句芒，其形象为"人面鸟身"，玉神像和玉神鸟分别代表了句芒的两种面相。在"禹征三苗"的过程中，少皞氏族众是重要的军事力量。这些"句芒"类玉器应是少皞部族将士在江汉平原的遗留物。①

---

① 孙庆伟：《重与句芒：石家河遗址几种玉器的属性及历史内涵》，《江汉考古》2017年第5期。

"迁三苗于三危",不管是往哪里迁,反正三苗族群至少是部分或大部分外迁了,西南或许也是其外迁地之一。至今云南、贵州、四川、广西乃至东南亚等地的苗、瑶、壮、侗等少数民族,世代相传,仍以洞庭湖南北为中心的长江中游视为自己祖先居住的故乡,自有其将族群来源铭刻于心的深层历史记忆。从某种意义上来说,这样的结果最终还是促进了边陲地区的华夏化进程。

孙家岗类型之后,湖南进入文化低潮,与夏朝后期中原二里头文化相对应的遗存只有零星发现。与此同时,湘南地区还陆续存留一些其他文化遗存,如靖州斗篷坡、城步西岩、零陵望子岗等遗址。总体而言,风云激荡的史前湖南归于平静,其文化或蛰伏下来,等待再一次被唤醒。

湖南的史前历史,大约在距今3800年前后结束。

第八章

湘江北去　吾道南来

——中华民族共同体中的史前湖南

> 湖南清绝地，万古一长嗟。
>
> ——《祠南夕望》

湖南，这片21万平方千米的土地，只是现今的行政范围，这个行政范围原来是从湖广行省更大的范围里分出来的。清康熙三年（1664年）朝廷置湖广右布政使，原来的偏沅巡抚从沅州（今怀化芷江）移置长沙，湖南、湖北才算分家。雍正二年（1724年）湖南巡抚成立，湖南才正式成为独立省份。所谓史前的湖南，是从当前湖南行政范围出发，以目前的空间框架为基础，沿着这个框架里的条条路径，用考古学的方法，穿过悠长的时间隧道，寻找古老与现代的因果，寻找湖湘的人之初，文之源，寻找湖南的由来。

就现有发现而言，距今50万年前或更早，湖南境内就有了人类活动，湘北澧阳平原河流阶地的虎爪山遗址发现了当时唯一能够留下来的遗物——砾石石器。如果在保存条件好一些的环境，还可能留下人骨或其他有机物的化石。学术界将那个时代的考古学文化命名为"虎爪山文化"，这个称呼，既代表了湖南自有人类活动以来的第一个时代，也代表了那个时代湖南的历史和文化。从那时开始到距今20万年前的历史长河中，我们不知道这之间发生过什么样的变故，那些以万年为计的时间单位是多么漫长而遥远。先人们跋山涉水，在大自然的丛林中觅食和生存，一点一滴地积累着中国人古老的文化基因，积累着知识和智慧。或许数十万年前某一个祖先的一次基因变异，竟可能穿越时间隧道而存留至今，这既是现代分子生物学的伟大发现，也是人类生命光芒的放射。这光芒是从湘北澧阳平原一带最先放射，然后沿洞庭湖扩散至三湘四水的。因此，我们在沅水中上游一带发现了潕水类群旧石器时代义化，在东西洞庭湖之间的赤山半岛发现了类似阿舍利特征的文化遗存，这些散布于湖南大地的旧石器遗址见证了那个时代人们的创造精神，他们在湖南的古老家园生息繁衍，栉风沐雨，砥砺前行。

现有的考古发现无法完全复原那个时期人们的真实生活，旧石器时代的古人类之所以区别于其他群居的灵长类动物，在于他们创造了"文化"，尽管这个文化是那么原始和简单，但这是人猿相揖别的铁证，是人类的智慧闪现，是"神灵"的指引，是复杂思维的劳动。可以想象当时生活的艰难，人们如何采集觅食，如何狩猎捕鱼，如何面对险恶环境，又如何分享劳动的收获。我们无法揣测那个时代人们的喜怒哀乐，他们的情感交流，人际交往，包括性与家庭，社会关系与组织形态，这些认知都只能从民族学的原始部落或灵长类的生物群落观察中得来，这样得来的知识或许与过去人类的真实生活相差甚远。

从考古学的收获中，我们毕竟了解到数十万年的岁月尘封，积累下许多有形的遗产。我们知道随着年轮的更替，人类活动会逐渐升级，人类生息的地域会进一步扩大，创造的工具也会有明显变化，这些变化的特征还反映了本地域风格的形成与发展，也表明其与外部世界有着一定的交流。道县福岩洞遗址发现的47枚现代人牙化石成为震撼学术界的惊雷，改写了现代人在东亚出现的旧观。从距今10万年开始，东亚大陆的人们已经进入现代人的序列，和我们直接相关的祖先就这样出现了。

如果以距今10万年为时间节点，那么，在这之后的湖南是否已经成为东亚现代人的原乡？则是需要慎重考虑的。我们不知道现代人到达湖南之后和这里原来的人种到底有过何种交流，以及交流之后出现了什么样的结果。距今七八万年的乌鸦山文化和福岩洞一类遗存还缺少关联的线索。澧水类群的旧石器时代文化特征大致能够看出石器制造技术有着自身的传统和风格，这似乎让人觉得这里的旧石器时代的人群和文化具有连续性，正如东亚旧石器传统200万年以来的连续性一样，大传统背后或许经历了无数人群与文化的替代和置换，只不过这中间的细节还未被我们发现。

湖南旧石器时代所构建的两个具有独立体系的文化类群——澧水类群与潕水类群，分别代表了洞庭湖区和沅水中上游河谷山区两个不同的区域传统，似乎暗示湖南自数十万年以来，就一直存在着平地和山地两种不同的传统，在文化上有不一样的表现，这个古老的传统竟然可以追溯到旧石器时代，这颇让人惊讶。或许，在人类的童年，他们所处的环境可能就一同参与了人类习性的培育、文化的塑造和传统的形成。在恒定的空间里，一代又一代人群与文化如流云般，随时间而生，随时间而逝，唯空间缔造的传统如无形之手，牢牢握住了根脉——土地之脐带连接着本土万物，与天不老，如影随形。

由此，可以通过湖南旧石器时代的两个文化类群构建最老的湖南人的童年时光，并通过石器的工艺与工艺变化过程来了解传统的形成与演进，通过各个旧石器的遗址点来考察当时人类所生存的空间区域，通过埋藏的地层来了解当时的环境。在数个冰期和间冰期的轮回中，人类如何从山间洞穴来到平地旷野，从居无定所的游群到搭建临时营地，再到堆土筑台，造屋定居。居所变化的背后是生产方式和生活方式的改变，这些改变也必然在人类的使用工具中得到体现，那些细小的带有锋刃的石器对原来大型砍斫器的取代，暗示食物来源以及食物加工方式的变化，这些石器如果进一步加工和磨制，就会造成新的磨制技术对原来打制技术的取代，这些变化也显示了新的经济形态的到来。由此，则进一步激发出关于文化、社会及经济之改变与器物变迁关系的思考：是人类行为方式和经济形态的变化导致了器物形态的变化？还是器物的变化改变了人们的行为和生产方式？这或许无法用统一的标准来回答，必须具体问题具体分析。历史流淌于时间之河，时间却又因历史而存在，走过漫长的旧石器时代之后，人类迎来了新纪元。

距今1万多年前，湖南多个地方出现了新的文化曙光，最早发生于道县玉蟾岩的陶器与水稻，成为日后新石器时代最鲜亮的标志。我们诧异于新石器革命在这样一个偏远的南岭山地间出现，但又毫不奇怪，人与自然共同进化中的这片土地完全能够呼应这一革命浪潮的到来。

玉蟾岩遗存如星星之火，点燃了数十万年湖南旧石器时代人们游历过的山川，从高地到平原，新石器时代的1万年朝我们走来，湖湘的1万年也由此拉开序幕。

新石器文化的火种虽然是在南岭一带首先点燃，但最先呈现燎原之势的却是距今1万年前后的澧阳平原。这个平原具备了新石器勃发的一切优越条件，得天独厚，举世罕见。1万年之前，这里的旧石器时代文化澧水类群已经过渡到十里岗文化，1万年之久的竹马—新民遗存在十里岗等文化的基础上大踏步向前。原野上不再是流动的游群，定居成为基本的生存方式。定居使得人们不再四处游荡，前提是在居所的周围可以获得稳定的食物来源，这就必然出现再生产——种植、养殖与驯化，稻作农业就在这样的背景下发展起来了。

可以想见，距今1万年前后的澧阳平原已然迈步进入了新石器时代，这个时代从冰河世纪走来，大地复苏，万物葱茏。一条大河从平原的南部蜿蜒东流，众多支流编织出澧阳平原的湖沼水乡，邻近河湖的低地生长着各种可以采食的植物籽实，湖沼里鱼虾成群，人们在附近的岗地筑屋而居。为了生存之需，还在家园周围挖掘壕沟。低地近水之处适合水稻种植，稻谷也易于收获与储存，于是成为首选的种子，来年播种就可以取得收成。稻作农业在这样的状态下发展起来，与定居聚落一同成为史前湖南新石器时代最明显的标志。

彭头山文化是目前湖南正式命名的最早的新石器时代考古学文化，也是长江中游正式命名的最早的新石器考古学文化。它最先出现在澧阳平原，时间跨度为距今1万—7600年。这是一个很长的时间过程，现有的考古工作还不足以重建这个完整过程的每一环节，在大约2400年的历史演进中，我们只能看到彭头山遗址一些残留的遗迹，包括圆形的墓葬、废弃的窖穴、残损的房基；或者看到八十垱遗址的壕沟和土垣，成排的建筑或为仓储；或者看到杉龙岗遗址遍地的陶器碎片。彭头山文化时期的墓葬多与房子关联，意味着逝去的人们可能就近埋葬，也反映着血缘家庭纽带的紧密。但我们还弄不明白当时的婚姻和家庭的具体情况，也不知道当时的婚姻是否是局限于族内，或是外来，这些情况或许将来也无法准确了解。根据出土的陶器、石器和动植物遗存，我们大体知道彭头山文化的人们已经有了一定的审美意识，他们可能佩戴着某种穿孔和刻划的棒饰，他们从事着稻作农业生产，但也采集陆生和水生食物作为补充。他们建造房子，可能一个家庭就拥有一座面积不大的房子——一种用木骨泥墙构建起来的茅草屋，生活和起居均在屋内进行。房子中间有一个火塘，是为炊食而设，休息和睡觉就围绕火塘。生活用具是一些简单的陶器，生产工具可能主要是木器，加工木器的则是石质的斧锛之类。一个聚落就是一个具有血缘关系的团体，或有多个具有共同血缘的家族。这些家族联合组成聚落，形成家族联合体。他们显然有一些公共的合作，要参加整个聚落的共同活动，如开挖壕沟、举行祭祀活动、对外联络、水资源管理，等等。那么，就可能有组织者和管理者，但他的身份和地位可能仍与家族的其他人一样平等，而没有特别的权力。

皂市下层文化是在彭头山文化的基础上出现的，是其发展的必然结果，一个存在了约2400年的文化被另一个文化所取代，而新的文化又来自旧文化的内部，因此取代不可能是一夜之间完成的，乃是有一个量变到质变的过程。考古工作提供的材料还不足以了解变化最先是从哪个方面开始的，然后再由此铺开，以至于牵一发而动全局。如果能够做到这一点，那我们对于史前社会的认识就会有更大的提高。

皂市下层文化既然在一个古老的历史文化传统区域发生和发展起来，自然有很多出自传统的因素与风格：稻作农业依然是主要的经济形态，环壕聚落依然是主体的群聚方式，家庭单元依然是基本的社会组织。与彭头山文化相比，皂市下层文化的聚落面积扩大了，文化覆盖的范围扩展了，人与自然共生的能力也提高了。由此而导致社会关系的变化，人的观念变化，传统亦发生相应变化，创造出来的人工制品也较前一个文化更加进步了。

大约与皂市下层文化同时的沅水河谷山区，高庙文化以蓬勃之力喷发。这个生长于山区的文化有着辉煌的想象力和创造力，那里的人们或许并不看重经济技术，而是擅长于精神艺术的表达。高庙文化的白陶，陶器上的图像纹饰是新石器时代出现以来人类所展现的杰出精神文化产品，是其宇宙观和价值观的生动表达。看7000年前人类精神文明所达到的高度，高庙文化足矣。目前学术界还无法准确认识高庙文化对后世到底产生了多么重要的影响,也无法准确复原高庙文化传播的路径和文化传播的结果,从已有的零星线索来看,距今7000年以后的中国古代精神文化中,都或多或少有高庙文化因素的影子。这样一种源自高山河谷里的东方传统,竟是如此绵长而深远。我们无法想象高庙文化所表达的精神意境,也无法参透高庙文化的奇幻图像。在屈原曾经描绘过的沅水之滨和溆水之浦,那是怎样的一个神秘世界:

<blockquote>
深林杳以冥冥兮,乃猿狖之所居。
山峻高以蔽日兮,下幽晦以多雨。
霰雪纷其无垠兮,云霏霏而承宇。
——屈原《涉江》
</blockquote>

神人兽面、獠牙图腾、八角芒星、凤鸟载日,这是高庙文化给人类奉上的精神大餐,深深烙在了古老中国的前尘往事之中。

汤家岗文化是受到高庙文化重要影响而出现的,从某种意义上来说,它是高庙文化由沅水中上游向洞庭湖地区传播扩散的结果。既然如此,是否洞庭湖区的皂市下层文化完全湮灭于高庙文化的浪潮之下了呢?也不尽然。我们看到,皂市下层文化留下的经济技术传统完全被汤家岗文化所继承,稻作农业、环壕聚落得以进一步发扬光大——这不见于高庙文化。可以说,汤家岗文化在经济技术上继承了皂市下层文化,在意识形态上继承了高庙文化,将其合二为一,加以整合和改造,从而显示出新的生命活力。汤家岗文化向外传播的力度比高庙文化和皂市下层文化更大,传播范围也更广。汤家岗文化的社会组织更加复杂,聚落的结构比如墓地分区分片,随葬品等级明显,表明聚落内部和聚落之间都已经出现了分化,这种分化导致了社会复杂程度的加深,呼唤着新的社会体制和机制的产生——文明化的古国曙光已经初露。

继汤家岗文化而来的大溪文化在这样的背景下出现了,澧阳平原数千年以来的文化积累,洞庭湖地区数千年以来的社会进化,从彭头山文化到汤家岗文化,从区域内部到区域间的交流,澧阳平原和洞庭湖地区始终都是长江中游最活跃的地区,也是当时中国最为活跃的地区之一,这个地区不仅将自身的社会生产力提升到了当时的顶峰,还广泛参与了长江—黄河辽阔地理空间中的文化交流。到距今6300年前后,终于迎来了新石器时代的里程碑——大溪文化城头山城池横空出世。

城头山大溪文化城池的建造,是澧阳平原和洞庭湖地区文化与社会发展的必然结果,当然也是澧阳平原与外界交流发展的产物。湖南的历史山川诞生了中国第一座史前城池，无愧于自虎爪山文化以来的这片厚土和一代又一代在这片土地上劳作生息的人们。

城头山城池在距今6300年前的大溪文化一期建造，与其说是前无古人的杰出创造，还不如说是数千年以来环壕聚落与社会组织协同进化所致。大溪文化继承了汤家岗文化的主体因素，也吸取了大量外来的成分，这样的文化通过传承、吸收、融合、创新而成，具有鲜明的活力。活力四射的大溪文化在其发展过程中不断改造和更新，从而在长江中游获得了长足发展，也加速了这一地区社会与文化发展的进程。

城头山城池的意义，代表了中国史前时代一种新的社会和文化价值形态的产生，代表了最早中国城乡社会二元分化的出现，代表了人类群聚新生态的到来，代表了东方传统农业文明古老模式登上世界历史舞台，从这样的角度怎么去评价城头山城池的价值都不为过。

笔者观察中国上古史，由秦帝国回溯至史前，大概一共有过五次文明的喷发，或者说有过五次文明发生期的现象。

距今6300年，是第一文明发生期的开始。这个阶段还是文明的蓓蕾阶段，或胚胎期，还未绽放文明之花。是古城—古国时期，城头山城址是唯一代表，它独立发生了一种文明的形态，即稻作农业城邦文明。这个年代，甚至比两河流域还要早。

距今5300年，是第二文明发生期的开始，可以说是王国文明的孕育期。良渚古城是这个文明阶段的典型代表。红山和大汶口、屈家岭等遗址也都属于这个阶段，两种文明模式——神权与王权出现，这个阶段礼玉观念盛行，玉乃是崇拜的对象。

距今4300年，是第三文明发生期的开始，是王国文明的临盆期。石峁、陶寺、清凉寺、二里头遗址是这个文明的代表，其表现特征是战争频仍、干戈四起。

距今3300年，是第四文明发生期的开始，王国文明的鼎盛期。是以殷墟为代表的有文字商朝的开始，王国文明之花绽放，标志着成熟文明的到来，青铜作为新的崇拜对象。

距今2300年前后，是第五文明发生期的开始，帝国文明出现。战国狼烟四起，秦朝于公元前221年建立，大一统终结天下乱局，中华民族多元一体出现，中华文明正式形成。

非常巧合，从距今6300年到距今2300年，几乎每隔一千年就发生一次重大的转型，就有一次文明的浪潮席卷。

从城头山到鸡叫城，从鸡叫城到七星墩、卢保山，从距今6300年到距今4200年前，湖南出现了多座城池，这些城池在群城并立的长江中游具有明显的特色：鸡叫城是一个有着三重环壕的城壕聚落集群；七星墩是一个有着双重城墙与护城河，且与周边数十个聚落相关联的城壕聚落集群；卢保山城池是一个只有十余万平方米的小城。曾几何时，洞庭湖区也是群城并立，城池和其周围的聚落组成一定的社会集团，这必定有一些筹划者和管理者，肯定也有了统治者和统治集团，负责这样的社会集团内部事务协调和对外联系。这些城池耸立于大河平原之上，开启了中国第一轮的"城镇化"运动，这个运动直接催生了长江中游的地域文明，一个曾经辉煌一时、问鼎中原的史前长江中游部族集团在这一波"城镇化"运动中出现，后来却消失于历史烟云之中，连记载其事迹的文献也鲜见踪迹。

笔者有一次接受媒体采访，于是有了以下一段对话。

问：考古有什么意义？

答：通过考古，了解历史真相，探索人类行为，寻找历史规律，为当今和未来服务。

问：如何为当今和未来服务？

答：历史真相和历史规律可为我们提供经验和教训，避免少犯错误，少走弯路。

问：考古提供了什么经验和教训？

答：主要是通过物质文化遗存，去了解人类行为。人类的行为有成功，有失败，这就是经验和教训。

问：城头山、鸡叫城等城池的废弃，留给我们什么样的经验和教训？

答：在时代变迁、环境改变和历史进程中，人类行为的适应与决策非常重要。长江中游史前古城的废弃，当是在大时代背景下人类行为的失策所致。

前述湖南史前群城并立的那个部族社会集团，后人通过梳理浩如烟海的古史文献，认为这个集团可能就是传说中的苗蛮（三苗）族群，而距今4200年前后肖家屋脊文化—孙家岗类型对石家河文化的取代，可能就是传说中尧、舜、禹对三苗征伐的结果。"三苗数为乱"是征伐三苗的理由。如何乱？却是不清楚的。如果说三苗代表了石家河、鸡叫城等屈家岭—石家河城池的部族集团，那在这些城池及其相关遗址中发掘出来的考古学遗存有多少"乱象"呢？至少目前还没有看到，这个社会整体而言是理性、有秩序和务实的。或许，屈家岭—石家河文化的北上，势力大举进入中原，触及了中原族群的势力范围，动了华夏集团的"奶酪"，才是导致华夏族群以伐乱为由对三苗开战的真实原因。这个原因正好也反映出早期中国形成、国家一统之际的历史大背景。从"尧战于丹水之浦以服南蛮",到"舜却苗民,更易其俗",再到禹"以征有苗",终于在禹的时代才完成征伐三苗的大业。《墨子·兼爱下》记载《禹誓》大禹的训词说:"济济有众,咸听朕言,非惟小子,敢行称乱,蠢兹有苗,用天之罚。若予既率尔群对诸群,以征有苗。"启动战争机器的导火索及借口有很多种,"伐无道"历来都是最冠冕堂皇的。

三苗之后的长江中游,文化与社会进入至暗时期,史前社会解体。在中原进入风起云涌的夏商之时,南方一片沉寂。它的再次崛起,要等到千年之后春秋早期楚国兴盛气象的到来。

结语

考察湖南史前社会进程，依据的全是考古材料。考古材料的零碎和不确定性必然产生认识上的偏差，这是无法克服的问题。不单考古学，以文献为基础的历史学同样存在这样的问题。人们对于客观世界的认识，总是有偏差的。从历史唯物主义的角度而言，认识社会，就要认识构成社会的各种因素，进行系统而全面地考察。从考古材料去认识古代社会，要通过所出土的物质遗存去认识当时的生产力水平，通过生产力的形态去认识生产关系，包括生产资料所有制的形式；人们在生产中的地位和相互关系；产品分配的形式等。考古材料总是一定的生产力和生产关系的体现，比如，不同的人工制品是否有特定的拥有者和使用者，是否已经出现了社会分工，是否出现财产私有和物质交流，等等。经典理论又告诉我们，生产关系的总和构成经济基础，经济基础在政治和思想上的表现就是上层建筑，上层建筑是复杂庞大的体系，由该社会的观念上层建筑和政治上层建筑两个部分组成。观念上层建筑包括政治、法律、思想、道德、宗教、文学、艺术、哲学等意识形态；政治上层建筑在阶级社会指政治、法律、制度和设施，主要包括军队、警察、法庭、监狱、政府机构和政党、社会集团等。考古材料是经济基础和上层建筑的物质反映。比如器物风格、陶器纹饰、墓葬制度、祭祀遗存等是人们思想观念的反映。聚落等级、墓葬分化、某类特殊用品的流通与使用可能从属于特定的阶层和人群，是社会组织和政治制度的体现。美国考古学家刘易斯·宾福德倡导观察考古材料的方法是把考古发掘出土的人工制品分为技术经济产品、社会制度产品和意识形态产品。他认为考古材料可以作这样的分类，但这已经落后于当代考古学的发展水平了。全面系统地考察所有的考古材料，应不拘泥于某类材料是否只具单一属性，如某一件器物既有很高的制作技术，又是某种特定的用品，同时还有精致的艺术纹饰，那么这件器物就是多重属性的反映。高等级的用品和材料往往都具有多方面的属性，很多功能是相互交织在一起的，不能绝对划开。这些观察、分析与研究最终要解决的问题乃是人的问题：人类行为。

认识湖南史前历史的进程，要从考古发现的人类各种行为所留下来的遗物和遗迹入手。认识旧石器时代的经济技术、文化交流和社会关系等，几乎全部的观察手段和载体都只能是石器，考古学家要从石器的生产、使用、废弃和埋藏，亦即观察石器的一生来了解背后的人的行为，了解人与人的关系、人与自然的关系。通过这些方法，我们看到了旧石器时代湖南古人类的创造，两大文化类群所赋予的人与自然的共同进化过程。在更新世那个遥远的年代所埋藏的人类生活的情景，遥远得无法想象，但是，又是那么生动而亲切，似乎触手可及。新石器时代以后，人们开始定居，遗留下来的物质材料就多了，人工制品有陶器、石器、玉器以及各种有机质遗物。还有遗迹，遗迹可以小到一处火塘，也可以大到一座城址。考古学就是通过这些遗物和遗迹来认识新石器时代的文化与社会，认识其发展的历史和背后的人类行为。

新石器时代的湖南，从彭头山文化一路走来，环洞庭湖地区的大河平原始终是主线，这是湖南史前文化的摇篮。若把范围再缩小一些，则是湘北的澧阳平原。湖南其他区域的史前文化大体都与这个区域有关。当然，位于南岭的湘西南地区是湖南史前文化的另一块重要区域，新石器文化的萌芽、稻作农业的发生或许就是这里。从湘南到湘北，当文化间的联系频繁，当史前文化在三湘四水交流加速，湖南各个区域就携手迈向了新的征程。

新石器时代留下最多的人工制品是陶器，陶器是了解那个时代人类文化与社会最关键的考古材料。道县玉蟾岩遗址出土的陶器代表了中国最早的一批陶器之特征，距今18000年前，能够复原为完整形态的陶器，目前全国也只有这么一件，堪称国宝。彭头山文化的陶器，年代最早者到了距今9000年前，这在全国来说也是居于新石器文化前列的。彭头山文化的陶器，制作工艺多样，形态种类多样，具有领先地位。湖南史前另一个陶器的高峰是高庙文化、汤家岗文化的白陶，白陶及陶器上的图像纹饰引发了史前中国第一次艺术浪潮，席卷了秦岭—淮河以南的大半个中国，对后世艺术与观念产生了重大影响。白陶为湖南所独有，湖南是原生地和发祥地，其他地区要么是湖南白陶制品的直接流传，要么是湖南白陶工艺技术的流传。高庙文化的人们为何创造发明白陶，又为何在陶器上装饰那些无与伦比的纹饰图像？这是目前还无法破解的历史之谜，或许这就是中国文化的史前传统所蕴含的基因密码，是中国文明万年起步的要义所在。

油子岭文化以后出现的陶器制作标准化和专业化趋势更代表了生产力的新进步，对于推动史前湖南社会文明化进程具有重要意义。

玉石器在湖南新石器时代文化中一直不太发达，在这方面也没有任何惊人的考古发现。湖南最早的玉器发现于大溪文化和堆子岭文化，堆子岭文化的资水下游不少遗址都发现过玉器，其类型单一，为玉璜或玉玦，茶盘洲的玉竹包遗址还出土过1件玉笄。屈家岭—石家河文化石器出土的玉器更少。但是，到了孙家岗类型，湖南却迎来了一个玉文化的高峰，孙家岗遗址的墓葬中发现的玉器暗示在湖南可能存在独立的玉器生产中心，因为不少玉器的形态和工艺为这里所仅见，其他地区可能均为孙家岗类型的传播所致。鹰首笄、獠牙神人面、玉蟠蛟等是第三次中国史前艺术浪潮的鲜明代表。

孙家岗类型出现在一个特定的时代，中国第一王朝——夏朝崛起于东亚，绝不是一件简单的事情，其背后暗含着中国文明起源与国家形成的重要信息。孙家岗类型的玉器多见于三代考古发现中，足见其对多元一体的早期中国文明进程产生了巨大影响。

很多不可移动遗迹的发现，更见证了史前湖南的巨变。从临时的营地、窝棚，到环壕聚落，从环壕聚落到城壕聚落和城壕聚落集群，每走一步都记录着社会的进步。墓地的营建、墓葬的安置秩序，都反映着社会关系的变化。房屋建筑从单一的住宅到大型公共建筑，无不体现着社会关系的变迁和复杂程度的提高。盘点这些考古材料，我们感叹人类社会的进步——这种进步既缓慢又快速，感叹我们与古人之间既陌生又熟悉，感叹时间让真相埋没，但时间又让我们检视过去，让真相浮现。

考察史前湖南的历史发展进程，首先是从区域的角度，了解其内部发展变化情况。但是，任何文化和社群都不可能孤立于周边的文化和环境，史前湖南也是在内因与外因的作用下向前迈进的。从湖南的史前进程来看，这里有不少原生的文化因素和文化传统，比如彭头山文化，到目前为止它还是长江中游最早的新石器时代文化，是澧阳平原史前古老的传统缔造了这支文化，长江中游的新石器文化追根溯源，都与该文化有关。因此，从这个角度而言，史前澧阳平原塑造了湖南传统，湖南传统又塑造了长江中游传统，长江中游传统则成为早期中国传统的重要组成部分。从彭头山文化到大溪文化，湖南澧阳平原一直是长江中游地区的文化重心，它决定着这个地区的文化格局，并奠定了长江中游作为中国新石器文化重要区系的基本面貌。从油子岭文化开始，来自长江中游之外的文化因素大规模参与了本地区的文化进程，并使其文化变迁的格局和方式发生根本变化。不过，由于传统的力量强大，这种变化最终还是融入长江中游的历史大传统中。换言之，油子岭文化虽然是对原来传统的重大改变，但是，它在很短的时间内主动融入本地的文化传统之中，并未使长江中游的古老文化传统发生颠覆性改变。长江中游也没有因此成为其他文化区系的一部分，本地的力量依然是按照既定的进程往前走。所以，到了油子岭文化阶段，洞庭—江汉形成文化共同体，但仍然保留着自身固有的传统，两地的文化因素还是具有一定的差别，说明这个时期湖南还并未失去其作为长江中游中心地位的角色。后来，屈家岭—石家河文化即使在汉东地区出现了大型超级城池——石家河古城，洞庭湖地区也依然是群城并立，其社会进程也并未受到影响。即使到了孙家岗类型，中原势力大举进入，湖南仍然有自身的稳定性，它的光环也未有多少褪色。孙家岗类型玉器文化就足以让同时期其他文化相形见绌。从全国各地发现的孙家岗类型风格的玉器来看，湖南，乃至湖北在内的长江中游共同参与了早期中国的构建，最终融入以中原为中心的历史趋势中，湖南的史前众多文化成果也成为中国文化的一部分，为中华民族共同体的历史进程做出了自身独特的贡献。

史前湖南的人类创造留给中国和世界多份宝贵遗产：玉蟾岩遗址同时出现完整陶器和水稻，宣告了东亚新石器革命的到来；彭头山文化的环壕聚落开创了以稻作农业为主体的生业模式；高庙文化的意识形态和精神文化对中国人文观念的塑造影响极大；城头山大溪文化城池为中国城市的起源奠定了基础，也为后来聚落城镇化进程提供了经验；孙家岗类型的玉器文化直接融入三代国家文明体系之中。以稻作农业为支撑体系的湖南史前文化进程给我们以启示，建立在稻作农业基础上的湖南史前社会是单纯依靠自给自足的农业经济发展和复杂起来的，经历了由简单到复杂的文明化全部过程。在这个过程中，尽管某些阶段也不可避免受到长江中游以外其他地区的影响而有所改变，然而它的演化基本上是基于本土的传统思想、社会和政治观念的一系列发展，也可以在很大程度上被看作这个地区的内在成长过程。澧阳平原史前社会复杂化进程，基本不依靠外部的力量，也基本不从外部世界获得收益。因此，它的成长可视为地方社会"自主地"复杂化进程模式。

史前湖南文化是湖南本土文化的生命之泉，厚植了湖湘文化的精神土壤。湖南是鱼米之乡，延续着万年以来饭稻羹鱼的生活方式，新石器时代奠定的稻作农业现在仍是目前湖南农业的主要生业形态。世代更替，唯本色依旧，同一片蓝天下的今人享受着和数千年前同样的阳光和雨水，今天的人们也在古人见到的那个月亮下谈天论地。澧阳平原升起的炊烟，汇入历史的尘霄，与云中君一同漫步。考古发现的遗迹重现了洞庭之波，大风扬灵，沉芷澧兰；重现了湿热的沅湘巫风遍地。考古展示了另一片辽阔的天空，打开了认识古代历史文化的一扇大门，考古找到了湖湘文化越过商周秦汉，直达史前的线索：看到了高庙文化的獠牙兽面与秦汉时期沅水流域的滑石傩面之间的相似之处，并推测其与当今仍流行于沅水流域神巫傩面之间可能有着关联；看到了孙家岗遗址玉蟾蜍和马王堆T形帛画月中蟾蜍之间可能的关联；看到了千家坪的凤鸟、城头山的祭坛、子弹库的帛书之间或许存在无法断开的文化之环。由此判断，湖湘文化，这个影响着当代湖南人的精神图腾，其源头其实可以回溯到史前。

多元的地域文化汇聚与融合，就像滚雪球一样，越滚越大，最后统一整合。多元一体的中华文化和统一多民族的中国，正是在这样的进程中形成、发展与壮大的。

从史前的湖南，我们看到了最早的中国；从最早的中国，我们认识了史前的湖南。

参考书目

[1] 张绪球：《长江中游新石器时代文化概论》，湖北科学技术出版社，1992年。
[2] 湖南省文物考古研究所：《长江中游史前文化暨第二届亚洲文明学术讨论会论文集》，岳麓书社，1996年。
[3] 孟华平：《长江中游史前文化结构》，长江文艺出版社，1997年。
[4] 张弛：《长江中下游地区史前聚落研究》，文物出版社，2003年。
[5] 何介钧：《长江中游新石器时代文化》，湖北教育出版社，2004年。
[6] 湖南省文物考古研究所：《彭头山与八十垱》，科学出版社，2006年。
[7] 湖南省文物考古研究所：《澧县城头山》，文物出版社，2007年。
[8] 国家文物局：《中国考古六十年（1949—2009）》，文物出版社，2009年。
[9] 郭伟民：《新石器时代澧阳平原与汉东地区的文化和社会》，文物出版社，2010年。
[10] 中国社会科学院考古研究所：《中国考古学·新石器时代卷》，中国社会科学出版社，2010年。
[11] 郭伟民：《城头山遗址与洞庭湖区新石器时代文化》，岳麓书社，2012年。
[12] 贺刚：《湘西史前遗存与中国古史传说》，岳麓书社，2013年。
[13] 湖南省文物考古研究所：《安乡汤家岗》，科学出版社，2013年。
[14] 袁家荣：《湖南旧石器时代文化与玉蟾岩遗址》，岳麓书社，2013年。
[15] 湖南省文物考古研究所：《湘阴青山》，科学出版社，2015年。
[16] 中国社会科学院考古研究所：《枝江关庙山》，文物出版社，2017年。
[17] 韩建业：《走近五帝时代》，文物出版社，2019年。

附录　史前湖南时间轴

距今年代	考古学文化
500000年	虎爪山文化
200000年	鸡公垱文化
120000年	福岩洞遗存
70000年	乌鸦山文化
15000年	十里岗文化　玉蟾岩遗存
11000年	竹马—新民遗存
9000年	彭头山文化
7600年	皂市下层文化　高庙文化
7000年	汤家岗文化
6300年	大溪文化　堆子岭文化
5500年	油子岭文化
5200年	屈家岭文化
4500年	石家河文化
4200年	肖家屋脊文化　孙家岗类型
3800年	

致 谢

本书的有关内容得到了湖南省文物考古研究所高成林、李意愿、尹检顺、赵亚锋、王良智、谭远辉、吴顺东等先生的帮助,并提供了最新的考古资料。本书也吸收了何介钧、袁家荣、裴安平、贺刚、顾海滨等先生的学术观点和学界的研究成果。谨致谢忱!